A Paternidade Divina

Irmão José
Psicografado por
Elsa Candida Ferreira

A PATERNIDADE *Divina*

© 2008, Madras Editora Ltda.

Editor:
Wagner Veneziani Costa

Produção e Capa:
Equipe Técnica Madras

Revisão:
Arlete Genari
Maria Cristina Scomparini

Dados Internacionais de Catalogação na Publicação (CIP)
(Câmara Brasileira do Livro, SP, Brasil)

José, Irmão (Espírito).
A paternidade divina / Irmão José ;
[psicografado por Elsa Candida Ferreira]. — São Paulo : Madras, 2008.
ISBN 978-85-370-0388-6
1. Espiritismo 2. Obras psicografadas
I. Ferreira, Elsa Candida. II. Título.
08-06245 CDD-133.93
        Índices para catálogo sistemático:
        1. Mensagens psicografadas: Espiritismo
        133.93

Proibida a reprodução total ou parcial desta obra, de qualquer forma ou por qualquer meio eletrônico, mecânico, inclusive por meio de processos xerográficos, incluindo ainda o uso da internet, sem a permissão expressa da Madras Editora, na pessoa de seu editor (Lei nº 9.610, de 19.2.98).

Todos os direitos desta edição reservados pela

MADRAS EDITORA LTDA.
Rua Paulo Gonçalves, 88 — Santana
CEP: 02403-020 — São Paulo / SP
Caixa Postal: 12299 — CEP: 02013-970 — SP
Tel.: (11) 2281-5555 — Fax: (11) 2959-3090
www.madras.com.br

Índice

A Paternidade Divina 7
1. Uma Era de Renovação 9
2. A História de Frei Reginaldo – Sua Ascendência Espiritual 23
3. Tibério na Palestina 33
4. Jeremias 39
5. A Volta de Romualdo 51
6. Jeremias Retorna ao Mundo Espiritual 57
7. A Recuperação de Teodoro 73
8. A Fazenda Esperança 85
9. O Advento do Espiritismo 93
10. Bezerra de Menezes 109
11. O Pavilhão Três 125
12. O Aidético 141
13. A Expansão da Mediunidade 149

A Paternidade Divina

Alegra-nos o coração paternal manifestar-nos aos amigos encarnados para falar de uma obra que excede essa designação, por se tratar de um projeto abrangente de conscientização das almas, encarnadas e desencarnadas.

Enquanto as idéias eram assimiladas e colocadas no papel, na dimensão espiritual se desenvolvia um significativo esforço de entendimento e congraçamento entre os espíritos cristãos, porque é chegado o tempo de reconciliação entre os segmentos que constituem as esferas espirituais e estão em relação direta com o orbe planetário.

O reconhecimento das dificuldades de interpretação das mensagens do Mestre, ao longo de dois milênios, foi o primeiro estágio deste projeto. Na seqüência, foram analisadas as distorções intencionais e não-intencionais, fugindo-se da crítica estéril, objetivando uma reconstrução do corpo doutrinário que o Cristo legou, com clareza e reta intenção.

Encontramos boa vontade nos líderes espirituais que se voltam para o bem da humanidade e se decidiram por conjugar esforços, despojados de personalismos, com a alma iluminada pelos conceitos de uma Religião dos Espíritos, que se fundamentam na clareza e solidez das leis naturais.

Um intenso labor de evangelização se concretiza nas camadas adjacentes à crosta; numerosas falanges de evangelizadores se formam e se dispõem a pregar a Boa Nova aos irmãos que, desencarnados, continuam alheios à realidade espiritual.

É hora de união, de arregimentar forças, de bem conduzir os esforços de todos os que se dizem cristãos, que tenham tido acesso, ou não, às verdades veiculadas pelo Espiritismo. Sempre é tempo de aprender.

Nesta obra, que deixa transparecer um pouco da dedicação da Espiritualidade, irmão José faz um passeio pela história da humanidade, pinçando, em cada época, um fato revelador do esforço de conscientização que exigiu a trajetória humana.

Em diferentes períodos e localidades, ele registrou os mesmos personagens experienciando papéis diferentes, em luta pela auto-superação, pela aquisição de conhecimentos, pela melhoria do *habitat* terreno. Em cada época, uma dificuldade a ser vencida, um aprendizado a ser construído, uma realidade social a ser aprimorada. Espíritos do bem em confronto com forças do mal, logrando a prevalência do amor e da justiça.

No final, aborda-se o advento do Espiritismo com as mudanças de comportamento que ele sugere, dentro da óptica cristã mais esclarecida.

Se não apresentar novidades aos irmãos espíritas, com certeza abrirá os olhos dos novos leitores para as realidades espirituais com as quais comungam no dia-a-dia de suas existências.

Tão importantes quanto as histórias reais apresentadas – sempre muito interessantes –, são os motivos de reflexão que suscitam e a inevitável tomada de consciência a que conduzem.

Este livro é um esforço concentrado das forças do bem, conduzido pela competência do irmão José, assessorado por Entidades dedicadas ao mesmo nobre ideal. Pressentimos que, aos poucos, passaremos deste período de transição a uma verdadeira transformação da sociedade e das almas, nos planos físico e extrafísico, favorecendo o advento de uma era renovadora de princípios e de procedimentos.

Que o bom Mestre Jesus, a quem dedicamos a presente obra, seja honrado em nossas atitudes e em nossos sentimentos.

Que o Deus Altíssimo, Autor da Vida e do Bem Maior, por intermédio de Jesus Cristo, seu intermediário de luz, receba nosso preito de adoração e reconhecimento pela generosa paternidade.

Muita paz a todos os filhos de Deus!
Paternalmente,
Bezerra de Menezes
São Bernardo do Campo, 02/01/2007

1
Uma Era de Renovação

Os sinos tocaram alegremente anunciando o nascimento de uma criança especial, como nunca haviam soado antes.

Era primavera, e o primogênito do governante local chegava à vida em boa hora, quando os campos floriam, e a terra, generosa, oferecia frutos de primeira qualidade.

Foram prenúncios de um período de paz, em que os homens, cansados das guerras, se confraternizariam e ofereceriam, aos semelhantes, o que possuíam de melhor.

Nascia um príncipe, esperado por muitos e temido por alguns. Sua vinda estabeleceria uma nítida linha divisória entre o detestável passado e o ansiado futuro. Como herdeiro dos bens da terra, teria o direito de governar o pequeno território, conduzindo o povo ao progresso, devolvendo-lhe a tranqüilidade.

Na igreja, o velho sacerdote, ao fazer soar o sino, tecia votos de uma era renovadora para o povoado. As previsões se concretizariam? A criança se tornaria um homem de bem? Corresponderia às expectativas que precocemente lhe pesariam sobre os ombros?

Romualdo II chegou ao mundo enriquecendo o lar próspero de um senhor feudal. Ao redor do castelo, ele brincaria com os filhos dos servos, sem fazer distinção de classe social. No lar, receberia a instrução necessária sob a orientação do sacerdote, um agregado naquela propriedade.

Tudo caminharia bem, pensava o idoso pai a respeito do filho que lhe viera na maturidade física, quando os cabelos encanecidos esmaeciam a esperança da paternidade. Não era seu desejo entregar a propriedade para mãos estranhas, quando de seu falecimento. A chegada do herdeiro veio ao encontro de seus objetivos.

O velho senhor, cansado de atritos entre os vizinhos, ansiava por uma trégua, por um período de refazimento das energias, para que o solo pudesse ser bem cultivado e a vida seguisse um rumo construtivo. A chegada do primogênito, que recebeu na pia batismal o nome de Romualdo II em homenagem ao velho patriarca, colocou a família em regozijo.

A Idade Medieval, considerada um período sombrio do ponto de vista cultural, favoreceu o contato mais próximo entre senhores, servos e agregados, que permutavam atenção porque uns não sobreviveriam sem a colaboração dos outros.

Os servos eram sobrecarregados com taxas e trabalhos, situação que não se modificou substancialmente em nossos dias. Desde tempos imemoriais, o predomínio do prestígio e da força determinou o tom do relacionamento humano. Manda quem é o dono da gleba, do capital ou da indústria. Os lucros pertencem ao proprietário; à mão-de-obra, tanto hoje quanto ontem, resta a oferta de pequenos salários, tão mínimos que mal dão para a sobrevivência. Os homens, porém, estão aprendendo uma melhor convivência. Aos capitalistas não é conveniente relegar os servidores ao abandono, porque necessitam da força do trabalho; os trabalhadores, por sua vez, aprimoram a inteligência quando buscam os direitos que julgam possuir.

O feudalismo foi uma moratória concedida à humanidade, ocasião em que foi atenuado o poder insano dos reis, poder fragmentado em mil parcelas – os feudos – até que ressurgisse em novos moldes, alguns séculos depois.

Nesse período de transição, localizamos o jovem Romualdo II, protagonista de uma história que relatamos com cuidado, com o objetivo de ressaltar o poder majestoso de Deus, poder que se manifesta no dia-a-dia das criaturas, filhos Seus e obra de Suas mãos.

Romualdo II veio ao mundo no turbulento período da Idade Média, quando o poder dominante era o da nobreza espalhada por inumeráveis feudos, no território europeu.

Deus, em sua infinita sabedoria, colocou os espíritos rebeldes, que renasceram naquela época, junto da natureza, em territórios agrícolas, para que usufruíssem as benesses do solo e atenuassem os instintos belicosos que, de qualquer forma, irrompiam motivados pela ganância, pelo desejo de sobrepujar aos demais em riqueza e notoriedade.

A realeza, naquele tempo, tinha um poder figurativo que, por intervenção do Alto, se fragmentou e se dividiu. Os nobres, isolados em seus feudos, não tinham força política para açambarcar o poder e se impor de forma dominante, a não ser que aprendessem a unir esforços.

Percebemos, naquela situação histórica, a sabedoria de um Pai que providencia o melhor para a evolução dos filhos, orientando uns, policiando outros e impondo limites aos mais afoitos.

Espíritos existem que, desde tempos indeterminados, perambulam pelas sombras do negativismo espiritual, recusando-se ao processo reencarnatório que lhes poderia alterar a condição. Receiam mergulhar no sono reparador da existência física, no qual perderiam a lembrança de um passado de falsa glória. Fogem da reformulação de crenças e valores, porque, segundo eles, seria uma forma de despersonalização.

Tais entidades são monitoradas por falanges ligadas diretamente ao Cristo e, de quando em quando, reencarnam-se aos magotes, acarretando transtorno ao ambiente terreno. Cria-se uma oportunidade ótima de reflexão para a sociedade que se vê às voltas com problemas variados, que tem de movimentar-se para educá-las ou contê-las, encaminhá-las para o bem ou trancafiá-las em prisões.

O processo pode parecer doloroso, mas a sabedoria divina não é sádica com as criaturas. Aproveita, sim, a situação, para providenciar a integração dos rebeldes às leis evolutivas, enquanto proporciona aos filhos mais esclarecidos nova chance de crescimento e ressarcimento de débitos pessoais e coletivos.

Nesse ajuste de forças, a evolução se faz imperiosa e a luz irrompe com segurança, afastando, pouco a pouco, as barreiras das trevas. Os seres caminham, conforme leciona Kardec em *O Livro dos Espíritos*, pela força dos acontecimentos, evoluindo lentamente no princípio, para somente mais tarde, adquirindo consciência, apressar deliberadamente o passo. Ao compreender que a felicidade consiste na adesão serena à vontade do Criador, eles tornam-se interessados no próprio desenvolvimento.

Os espíritos revoltados contra a ordem imposta pelo Criador não retrocederam na jornada evolutiva, mas permaneceram imóveis, paralisados nos esforços de construção, porque deliberaram optar pela acomodação. No princípio, foram seres simples que, a seguir, se apegaram às sensações e se corromperam.

Deus não criou o mal; suas leis permitem que o mal se estabeleça quando elas são descumpridas. O mal pode ser definido como a ausência do bem. O bem somente acontece no cumprimento das leis divinas, sábias, eternas, imutáveis.

Dotados de razão e de livre-arbítrio, cabe aos espíritos encetar o caminho da evolução pelas veredas corretas, que o Cristo sinalizou desde que o mundo se fez, por meio da palavra esclarecedora de mensageiros e profetas. No devido tempo, a Palavra Divina, ou o Verbo Divino, corporificou-se no planeta para revelar, pessoalmente, os ditames do Pai em relação à educação dos filhos prevaricadores.

Não existem anjos decaídos, porque o estado de angelitude implica perfeição. Seres perfeitos estão em conformidade com os desígnios do Criador e não se rebelariam. Seres imperfeitos, sim, podem errar no percurso quando fazem escolhas incorretas, movidos pela paixão e ignorância, precisando, portanto, corrigir os desvios.

Fizemos referência a uma falange de espíritos, carentes de evolução, reencarnados no período medieval em busca de seu progresso, porque o crescimento individual é impositivo da Lei. Ainda hoje, os arredores do nosso orbe estão sendo saneados pelo renascimento forçado de espíritos que precisam alterar o padrão vibratório, consertar as próprias mutilações e restrições mentais, dificuldades essas que exigem um contexto mais material, em que expungem as mazelas interiores que se manifestam em forma de enfermidades, alienações, castrações...

A sociedade sofre e questiona a Paternidade Divina, porque desconhece a dinâmica da criação e não tem consciência de que as dores que a afligem no presente foram provocadas por seus membros no passado, vestidos de outra roupagem, com outros costumes, mas a mesma essência espiritual.

No ontem de nossa existência, fomos desertores da Lei, semeamos a origem dos sofrimentos e desajustes do momento presente, distorções que precisamos corrigir, para que a sociedade atinja o grau de equilíbrio que a conduza à felicidade.

Não nos compete julgar a Deus, inteligência suprema que providenciou o melhor em nosso favor. Cabe-nos, na busca da auto-realização, prosseguir na marcha das grandes transformações, incorporando o comportamento crístico, salutar para o corpo e espírito.

Romualdo II era um espírito com bons antecedentes, reencarnado com a responsabilidade de apaziguar os ânimos exaltados dos diferentes senhores feudais, que divergiam entre si de forma violenta, inadequada com os princípios cristãos que diziam esposar. Era sempre o discurso discordando da prática, situação encontradiça nos dias atuais.

O pai, também Romualdo, estava cansado das disputas e ansiava por passar o comando para o filho, que crescia evidenciando saúde física e mental.

Para o nosso personagem, aquela existência seria ensaio e treino das faculdades para assumir compromissos maiores, em épocas vindouras. Ele procurou ser justo dentro do território de sua jurisdição. Distribuiu os grãos que os servos colhiam, a farinha que era produzida, o azeite, as frutas, as hortaliças...

Atenuou as animosidades entre os vizinhos, sinalizando que seus interesses se limitavam à propriedade que lhe cabia por herança. A camaradagem passou a ser a ordem do dia e, nesse sentido, a palavra da Igreja se tornou eficiente. A voz do Cristo pacífico se fez ouvida naquelas paragens, desprovida da sofisticação teológica que mais confundia do que elucidava.

Na simplicidade dos colóquios dominicais, os sacerdotes explicavam as máximas evangélicas exortando à correção dos costumes, ao comportamento cristão, ao exercício da justiça social.

Alguma coisa foi construída, muito ficou por edificar. A evolução espiritual não é obra de uma encarnação apenas. Se assim fosse, não existiriam as vidas sucessivas, fonte de bênçãos e oportunidade de enriquecimento do princípio inteligente.

Ao completar 25 anos, já sem a companhia do pai que desencarnara, Romualdo II consorciou-se com a jovem Madalena, e trouxeram ao mundo duas crianças saudáveis. A vida do jovem casal estava satisfatoriamente estabilizada, dentro das limitações e oportunidades manifestadas pelo meio.

A instituição católica oferecia as poucas possibilidades de instrução de que o povo dispunha naquele período histórico. O clero estruturava as primeiras universidades, privilégio de poucos afortunados e de alguns jovens que optavam pela vida sacerdotal.

Romualdo II, com posses razoáveis, desejou que o filho Ferdinando, provável sucessor, freqüentasse o meio acadêmico. Teve de mantê-lo distante do meio rural, em cidade considerada desenvolvida para a época, para que adquirisse conhecimentos médicos.

Formado, o jovem médico não desejou voltar para o lugar de origem, estabelecendo-se junto de uma clientela mais bem dotada financeiramente. Entristeceu-se o pai que aguardava a sua volta para assumir compromissos com a população do lugar, carente de recursos e de possibilidades.

A esperança do proprietário rural voltou-se então para um neto mais velho, filho da filha Catarina, garoto de 16 anos que demonstrava um caráter dócil, interessado em aprender a manipulação das ervas para o tratamento das doenças. Essa filha, desde a precoce viuvez, residia no solar paterno, deixando para o avô a responsabilidade da educação do rapaz.

O avô não mandaria o neto para uma cidade grande, para perdê-lo, como aconteceu com o filho. Reginaldo receberia instruções dos monges locais, especialistas na arte de curar por meio de ervas específicas, que eram transformadas em pomadas e poções.

Portador de um temperamento afável, associado ao desejo de ajudar o próximo, o jovem em pouco tempo optou por ingressar no monastério, frustrando, aparentemente, a organização sucessória do fazendeiro.

Reginaldo passou a chamar-se frei Reginaldo, um servidor da Igreja Romana, dedicado, especialmente, ao serviço da cura. O povo das redondezas, aos poucos, tomou conhecimento dos dotes do modesto monge a quem procurava para confidenciar os males físicos e emocionais, saindo da consulta com frascos fornecidos gratuitamente aos desafortunados e pagos com moedas de ouro pelos ricos senhores em reconhecimento à sua eficácia.

O frei atendia os pacientes com solicitude, ouvia-lhes os queixumes, fazia aconselhamentos e impunha sobre eles a mão espalmada, em forma de bênção, ritual utilizado pelo clero. Nesse momento, uma energia vigorosa descia sobre os enfermos, limpando-lhes a aura e revigorando os centros de força, situação que o frei pressentia, sem nunca entender com clareza.

Ele sentia um calor desprender-se das mãos, percebia a saleta iluminar-se e imaginava enxergar vultos de santos ao redor, mas calava-se por medo e modéstia. Medo de ser considerado adepto de bruxaria, condenada na época como obra do demônio. Modéstia, porque imaginava que os vultos fossem almas santificadas que se associaram ao trabalho de caridade. Optou, inteligentemente, pelo silêncio.

As pessoas saíam do consultório, aliviadas por dentro, depois de serem exortadas à prática do bem. As curas aconteciam quase sempre e o frei saiu do anonimato, sendo visitado por moradores distantes que vinham em busca de lenitivo para os males físicos, e encontravam muito mais.

O avô estava honrado com o prestígio do neto, embora se preocupasse ainda com o herdeiro que administraria a propriedade. O filho estava casado com jovem da nobreza européia e fixara residência em uma cidade grande, consolidando fama de exímio cirurgião. O neto estava sempre por perto, preocupado demais com as coisas do espírito, não saberia conduzir os servos no trabalho da terra, pensava Romualdo II.

Pensamento equivocado o do proprietário. O jovem frei estava preparado, sim, para assumir responsabilidades administrativas quando a situação exigisse. Antes de encarnar, ele fora orientado diretamente por outro Romualdo, que teria sido seu bisavô, morador da pátria espiritual há um bom tempo.

Reginaldo veio para dar continuidade ao período de paz e prosperidade iniciado pelo ancestral. Deveria expandir o campo de atuação para o terreno espiritual mediante uma mediunidade espontânea, que o colocaria em contato com outras esferas de forma quase imperceptível, de modo a disfarçar as influências espirituais, combatidas por uma igreja que molestava as pessoas que demonstrassem possibilidades mediúnicas.

Para protegê-lo, os amigos radicados na espiritualidade conduziram-no para o seio da Igreja, colocando-o a salvo de possíveis investidas clericais. As curas que viessem a acontecer seriam consideradas milagres de algum santo católico, e tudo seria explicado a contento. Reginaldo ficaria livre para agir em benefício da pequena coletividade, sem as barreiras do preconceito vigente.

Da pátria espiritual, ele receberia a cobertura do bisavô e de outros espíritos afins, para que a obra de evangelização e assistência não sofresse interrupção.

A era de frei Reginaldo, no comando do pequeno povoado que se estabeleceu à sombra da propriedade feudal, foi marcada por um período de progresso e prosperidade. Ele fez excelente administração. A experiência herdada de si mesmo, de vivências anteriores que estavam adormecidas no âmago do ser, viria à superfície no momento adequado, quando assim exigissem as circunstâncias.

Questiona-se, inúmeras vezes, no meio espírita, o esquecimento que recai sobre as almas encarnadas, impedindo-as de recordarem fatos registrados no inconsciente. É preciso lembrar que o indivíduo de hoje é a soma e a síntese de todas as experiências vividas e arquivadas, das quais ele próprio retira as intuições necessárias que indicam a forma de agir em determinadas situações, e as opções mais favoráveis em momentos de decisão.

Não fosse assim, o Ser não evoluiria com determinação; se nada do que aprendeu aflorasse ao consciente, homens e mulheres ficariam privados de recursos intelectuais, morais e espirituais para dar seqüência ao progresso anteriormente iniciado.

Não há por que reclamar do esquecimento que beneficia o lado psicológico do encarnado, que alivia as pressões internas advindas do remorso por um crime praticado, ou da ira por uma injustiça sofrida...

O Criador, com santas e sábias leis, providenciou para que a escalada evolutiva do espírito acontecesse sem grandes traumas e tropeços. A aquisição de virtudes cobre as imperfeições que restam no comportamento humano; os compromissos bem cumpridos aperfeiçoam o caráter e promovem o ressarcimento de possíveis débitos, preenchendo as lacunas que se formaram no campo psicológico em vivências anteriores, sem necessidade de incursões dolorosas no passado delituoso, regressões essas que trariam mais prejuízos do que benefícios.

Homens e mulheres trazem, dentro de si, as intuições necessárias para o bem viver, que deverão ser estimuladas pela educação integral que não exclua o conceito de religiosidade como formador da personalidade e da consciência.

A relação do homem com Deus está implícita na consciência humana, desde os primeiros dias da existência. No transcorrer do tempo, a humanidade desvirtuou esse relacionamento. O que não satisfazia à razão se fez passível de crítica e de negação. A religiosidade intrínseca da natureza humana passou a ser contestada e encarada como uma droga que anestesia o raciocínio, chegando-se à afirmação de que a religião é o ópio do povo.

Nosso personagem, frei Reginaldo, trazia uma bagagem enriquecida do passado. Não seria difícil encarar a administração do feudo e do povoado que viviam sob sua dependência. Nada incomum que isso acontecesse, em uma época em que o poder espiritual e o temporal, por vezes, se misturavam e se confundiam.

Ele cercou-se de auxiliares diretos, porque sua formação o impelia para o atendimento fraterno de pobres ou ricos que o procurassem: jovens infelizes que pediam sua interferência contra casamentos não desejados, mulheres que padeciam de maus-tratos dos maridos rudes e prepotentes, enfermos necessitados de alívio para dores físicas e emocionais.

Em uma certa tarde, quando o sol se punha dourando o horizonte, adentrou o recinto onde orava o nosso religioso uma mãe aflita, arrastando pela mão uma filha adolescente em visível crise de identidade. Mariana, a menina, dizia chamar-se

Estela e assumia ares agressivos contra a mulher que se impunha como mãe.

— Frei, minha filha enlouqueceu — praguejou a mãe, contrariada. — Além de quase me agredir fisicamente, depois de falar alguns palavrões ela diz ser outra pessoa. Está renegando o nome que lhe demos na pia batismal.

— Calma, minha filha! — disse pausadamente o religioso, referindo-se com compaixão à histérica menina. — Vamos conversar um pouquinho, em particular, para ver se nos entendemos melhor?

A mãe respeitou a intenção do frei e não fez objeção a que o sacerdote se retirasse para um aposento contíguo, deduzindo que ele ouviria a filha em confissão. Estava enganada. O que se passou, em seguida, foi uma doutrinação do espírito que se impôs à personalidade frágil de Mariana. Estela ressurgiu do passado daquele grupo familiar, como uma entidade cobradora. A mãe era o alvo central da cobrança, porém não entenderia a atitude do religioso se o visse conversando com alguém do mundo invisível.

Em contrapartida, o frei precisava utilizar-se da máxima discrição para que o assunto não fosse ventilado aos quatro cantos, para não chegar ao conhecimento dos severos superiores eclesiásticos. Quando teve certeza de que não seriam ouvidos, pediu à garota que se sentasse em uma poltrona e se colocou à frente, como alguém que conversa fraternalmente com a outra. O diálogo aconteceu neste tom:

— Então você não é Mariana. Estela é o seu nome?

— Claro, até que enfim alguém reconhece minha existência!

— Sim, você existe e aproximou-se desta menina cuja mente consegue subjugar, com que finalidade?

— De punir a mãe, ora bolas, a megera que há tempos me lançou na desventura. Agora eu me vingarei, destruindo uma vida preciosa para ela!

— E a menina lhe fez algum mal, Estela? Você não se importa que ela sofra?

— A mim pouco importa. A mãe roubou o marido que me estava prometido. Nós nos amávamos. Ela era rica e poderosa e providenciou para que eu fosse envenenada. Pensou ter-se livrado de mim. Voltei e quero saciar minha sede de vingança.

Frei Reginaldo, experiente nos mistérios da alma humana, sabia que não deveria estabelecer um confronto com a entidade invasora, embora estivesse ansioso para restabelecer o psiquismo da garota perturbada. Certamente, o frei não era adestrado em técnicas de doutrinação, como fazem os espíritas. Ele via os espíritos e, nesse caso em particular, o frei contemplava, pesaroso, um fenômeno de enxertia psíquica, duas mentes agindo sob o controle de uma mais forte, que se impunha. A subjugação era quase completa. Fazia-se necessário afastar urgentemente o incômodo espírito agressor, para salvaguardar a saúde mental de ambos. Estela, na ânsia de se vingar, desconhecia ou desconsiderava o mal que fazia a si mesma; ao adentrar no universo mental de Mariana, tornava-se prisioneira dos fluidos da vítima, tal qual um indivíduo que se torna dependente de certo produto químico, quando o utiliza sem critério.

O que fazer? – foi o primeiro pensamento que lhe ocorreu. Em seguida, lembrou-se da eficácia da prece. Se havia um espírito perturbador, existiriam outros, benevolentes, que poderiam oferecer ajuda. Ajoelhou-se e enviou ao céu uma súplica ardente, pedindo ao bondoso santo Antônio que o socorresse em tal dificuldade. A prece era feita com a alma, ele não se prevalecia de orações nem de rituais para casos de possessão demoníaca, porque sabia que estava frente a frente com uma alma humana, fora do corpo, sim, mas sempre humana. Esse conhecimento não foi adquirido em sua instituição religiosa, mas era inato no bondoso frei, reminiscência de experiência espiritual.

O socorro chegou na forma de duas entidades femininas, que emitiram luz no ambiente e adormeceram as duas almas em conflito. Afastada Estela, Mariana permaneceu adormecida, recostada na poltrona confortável. O primeiro *round* na luta a favor do bem estava ganho, mas a situação não se resolveria com tanta facilidade.

Frei Reginaldo continuou em oração, agradecendo o rápido atendimento ao seu pedido. Não sabia ele que os espíritos que compareceram eram espíritos familiares, companheiros comprometidos com sua causa; não eram da equipe do notável Antônio de Pádua, o que não importava realmente. O que importa, sempre, é o bem a ser praticado, que pode ser atribuído a essa ou àquela entidade sem diminuir o mérito da questão. Reginaldo acreditaria sempre que seus pedidos eram atendidos pelo valoroso santo, e os benfeitores amigos não desfariam essa crença.

O mundo dos espíritos que adquiriram razoável compreensão se rege por normas e valores que ultrapassam a compreensão da sociedade terrena. Esses Benfeitores jamais reclamam para si o mérito dos grandes feitos, porque atribuem a Deus, todo-poderoso, a autoria do bem que é realizado em seu nome. Espíritos de ordem superior trabalham em equipe, e o mérito de um é atribuído a todos.

No meio espírita, é preciso considerar essa realidade, para que os medianeiros de boa vontade não sejam injustamente criticados quando citam o nome de uma Entidade em seus comunicados. Um médium responsável pode captar os pensamentos sublimados que estão no ar, em ondas específicas, à disposição de quem conseguir estabelecer a sintonia. Quem dera muitos irmãos, espíritas ou não, lograssem sintonizar-se com a real grandeza dos ensinamentos de Jesus, na sua pureza de origem, quando o Mestre caminhou pelos territórios da Galiléia!

Kardec, na sua proverbial sabedoria, recomendou que não se desse maior importância à assinatura que ao valor científico ou moral de um comunicado. Não se aprova, evidentemente, a mistificação, fruto de interesses menores. Fora disso, voltamos a afirmar que os pensamentos dos grandes homens ou grandes espíritos pairam acima da psicosfera terrena, em ondas que podem ser acessíveis a almas vigorosas, interessadas no aprendizado ou na reflexão. Não há misticismo aqui, apenas leis físicas, naturais, que regem o mundo visível e o invisível.

Mariana, após um breve e restaurador cochilo, acordou quase refeita, perguntando pela mãe. O terapeuta confortou-a dizendo estar tudo bem e, na seqüência, chamou a senhora que esperava em local apropriado.

O encontro entre mãe e filha foi tranqüilo, bem diferente do clima emocional que reinava entre elas quando chegaram. O sacerdote recomendou muita paciência à genitora, explicando tratar-se de uma crise nervosa, que poderia voltar ainda algumas vezes. Enfatizou a importância da oração dentro do lar, principalmente ao levantar e ao deitar.

Como complemento terapêutico, entregou à senhora um composto de ervas medicinais que atuariam sobre o sistema nervoso da jovem, acalmando-a e favorecendo o sono. No fundo, ele sabia que a raiz do problema estava em uma misteriosa trama do passado, mas não havia condições de conversar com a família, despreparada, sobre o problema que ficaria entregue à ação benevolente de santo Antônio.

O próprio frei se ressentia da falta de maior esclarecimento sobre o tema obsessão. As influências espirituais perniciosas sempre existiram, sendo que o Evangelho se refere a elas com bastante clareza. Ao longo do tempo, elas foram confundidas, proposital ou inadvertidamente, com atuação demoníaca, quando é do conhecimento geral que demônios seriam seres mitológicos, gênios capazes de infernizar a vida dos encarnados.

A Doutrina Espírita, conduzida por Espíritos Superiores, desvelou para a humanidade o real caráter das obsessões, a maneira como acontecem, os motivos que as fazem acontecer e a forma de libertar um obsedado das malhas da obsessão.

As intuições de frei Reginaldo, a afinidade com uma equipe espiritual do bem, facilitaram sua intervenção nesse terreno delicado. Ele rezou com bastante fé e convicção na ajuda do Alto. À noite, em desdobramento espiritual, a equipe se reuniu e traçou estratégia de orientação que ele colocou em prática, nos dias subseqüentes, agindo intuitivamente.

Estela foi doutrinada no mundo espiritual, sendo-lhe oferecida oportunidade de renascimento no seio da família do seu amado, quando Mariana estivesse em condições de gerar um filho. Aos poucos, a revoltada vítima abrandou o temperamento e recolheu-se em instituição especializada, onde aguardaria o momento de voltar à carne. Mariana pôde, então, recuperar definitivamente a saúde mental.

A mãe da garota, entretanto, tinha um ajuste severo com a consciência culpada, acerto que ficaria por conta da justiça divina que, a seu tempo e hora, faria a cobrança da maneira correta. Ela passaria os últimos anos de vida percorrendo consultórios médicos em busca de um remédio que a aliviasse de terríveis dores no estômago, resultantes de um tumor que a atormentaria até o fim da existência terrena.

Frei Reginaldo, que tanto alívio proporcionou aos enfermos da região, bem pouco pôde realizar em benefício dessa senhora que precisava expurgar, para o corpo de carne, a ferida que existia no corpo espiritual. O veneno ministrado clandestinamente a Estela, a preferida do jovem por ela amado, corroía-lhe as entranhas como um fogo devorador. A neta que alegrou seus últimos momentos era Estela reencarnada, que a confortava ao vê-la acamada e sofrida, fazendo oração ao "papai do céu" pela cura da vovozinha, cura somente obtida depois da volta ao mundo espiritual.

Nada há escondido na consciência humana que não tenha de vir às claras, para que a pessoa usufrua saúde plena, física e psicológica. Jesus abençoou o sofrimento que nos purifica de dentro para fora, sendo que as dores suportadas com fé e resignação – que não nos tiram o direito de procurar aliviá-las mediante tratamento médico – fortalecem o caráter, estimulam a vontade, clareiam o raciocínio e, acima de tudo, expurgam do perispírito qualquer nódoa que ali foi plantada por atos de insanidade, de ignorância, de teimosia, de rebeldia...

Abençoado Evangelho do Senhor, que constitui para nós, seu povo cristão, um roteiro luminoso que indica o caminho a seguir, tanto na jornada terrena como na espiritual. Todos os espíritos – encarnados e desencarnados – precisam ser evangelizados, carecem de estudar e analisar os ensinamentos do Mestre maior, para incorporar, ao cotidiano, hábitos e condutas mais felizes, mais serenas, mais equilibradas.

No mundo espiritual adjacente à Terra, tem sido enorme o esforço de conscientização das almas, dentro dos princípios moralizadores da Boa Nova. Conta, a Equipe do Bem, com o concurso dos desencarnados e encarnados conscientes, para levar até os redutos desses irmãos que desconhecem as maravilhas de uma consciência tranqüila, uma palavra de conforto, de esclarecimento e de alerta.

A tarefa de evangelização, iniciada há milênios, ainda não se completou e estende-se pelas regiões espirituais que precisam ser saneadas, para que a era de regeneração se estabeleça, a seu tempo, por completo. Não seria possível sanear somente o plano físico, desde que a humanidade habita, também, as regiões circunvizinhas do globo. É um esforço gigantesco que aguarda todos os militantes terrenos após a desencarnação, tempo de trabalho e não de sono eterno. Que os cristãos, principalmente os espíritas, porque lograram maior conhecimento, coloquem as mãos no arado e se exercitem com convicção, certos de que a evolução exige o sacrifício do comodismo e do personalismo.

Frei Reginaldo atendeu a todos que o procuraram e atingiu a idade madura com a tranqüilidade que premia as almas generosas. Foi amado e respeitado por muitos, até por aqueles que não lograram atingir seus objetivos mediante o receituário do bom sacerdote, como alguns jovens que solicitavam a poção do amor, elixir que julgavam capaz de fazer um homem ou uma mulher se apaixonarem, ocasião em que o frei fazia uma preleção sobre o comportamento ético, o respeito que se deve ao livre-arbítrio do próximo que não pode ser manipulado a bel-prazer, além de considerar a inutilidade de tais práticas, comuns naquela época, ainda utilizadas nos dias atuais.

Poções, talismãs, amuletos, não trazem, em si mesmos, poder capaz de dominar uma vontade. O pensamento, sim, como força criadora, pode, em algumas situações, irradiar energia construtiva ou destrutiva, muito mais para a pessoa que o emite do que para um estranho que possua defesas mentais e espirituais.

Vale sempre insistir no problema da afinidade, que provocará sintonia ou afastamento. Quem sintoniza com baixas vibrações recolherá os efeitos maléficos de pensamentos odientos, sentirá problemas físicos e poderá se deixar influenciar por propostas sentimentais que julgou inadequadas no primeiro momento. A vigilância que o Senhor recomendou refere-se não só aos atos, mas também aos pensamentos emitidos que, encontrando afinidade com outros, se unirão por imantação psíquica, e os efeitos, quem poderá prever?

"Acautelai-vos", o Mestre repetiu por diversas vezes. Nem tudo o que Ele disse pôde ser escrito. Compete a nós, com a aplicação da inteligência e o desenvolvimento das ciências psíquicas, tomar os devidos cuidados para não cairmos nas armadilhas criadas pelos pensamentos invigilantes, nossos e dos outros, visto que a interação entre os seres é permanente.

A vida feudal foi pródiga de oportunidade para frei Reginaldo praticar a caridade, dentro da óptica do Catolicismo. Muitos clérigos prevaricaram, fizeram uso indevido do sacerdócio para se impor dentro da comunidade, amealhando prestígio e fortuna pessoal.

Ainda hoje, esse defeito humano é encontrado em praticantes de diferentes religiões: sacerdotes, pastores, médiuns, chefes religiosos, esquecidos do objetivo maior de esclarecer e conduzir os irmãos a uma crença superior, derrapam nos interesses puramente materiais e se deixam prender no lodaçal das irresponsabilidades.

Futuramente, responderão por elas no tribunal da consciência, e estejam certos de que a consciência é uma juíza rigorosa, que não esquece os mínimos detalhes e cobra até o último centavo. Virão, então, as encarnações dolorosas, para que se devolva aquilo que foi adquirido de maneira imprópria.

Esse é o mecanismo de que se serve a Justiça Divina que, em princípio, não necessita da intervenção do homem para colocar as coisas no devido lugar. Sabemos, igualmente, que o Criador se serve dos próprios mecanismos humanos para corrigir os defeitos dos filhos. As leis que regem a sociedade terrena, por mais imperfeitas que sejam, refletem, ainda que palidamente, a Justiça Divina.

No período histórico a que fizemos referência, as febres se tornavam o tormento das populações, resultantes da falta de higiene e das precárias condições de vida das vilas e povoados. O progresso que vivenciamos nos últimos séculos faltava em outra época, dificultando as áreas da saúde e educação. Em uma situação muito difícil, com a peste grassando entre os habitantes, o doutor Ferdinando, tomado de repentino espírito solidário, apesar da idade um tanto avançada, transferiu-se, sozinho, para a terra de seus ancestrais e, na velhice, realizou o sonho do pai, Romualdo II, que não se encontrava mais no plano físico.

Trabalhou com destemor, aplicou o que havia de mais atual na grande cidade e fez companhia ao sobrinho na guerra contra a morte que rondava cada lar, cada habitante. Ao lado dos remédios, seguiam recomendações a respeito da higiene pessoal e social. Era preciso progredir em todos os sentidos para vencer o veneno que os ratos inoculavam nos alimentos e na água. Venenos, para a época; bactérias e vírus, para a atualidade.

Aos poucos o local foi saneado. Muitas mortes aconteceram, mas os habitantes, conscientizados pelas orientações importantes do doutor Ferdinando, colaboraram para a construção de fossas, encanamento da água, armazenamento organizado e higiênico dos alimentos, além de outras posturas pessoais.

Enquanto o lado espiritual era atendido pelo frei, o médico formado arregaçou as mangas e realizou, em pouco tempo, muito do que desejou o pai, cuja lembrança invadia constantemente o pensamento do filho. Se a situação pôde ser controlada com razoável perda de vidas, muito se deve ao fato de frei Reginaldo ter a mente aberta, não atribuindo a epidemia a castigos divinos, fato que ocorreu em outras localidades, provocando verdadeira hecatombe. Unido, amigavelmente, ao tio que veio em socorro da comunidade, o frei não interferiu nos diagnósticos nem no tratamento proposto pelo médico formado e experiente. Ouviu as sugestões e, com a humildade que era de se esperar de um religioso, colocou-se em segundo plano, como bom coadjuvante, somando esforços que culminaram no afastamento do perigo.

No plano espiritual, duas almas se congratulavam pelo sucesso da empreitada. Romualdo-pai e Romualdo-filho estavam, enfim, satisfeitos, conscientes de terem entregue em boas mãos aquela porção de terra que aos poucos se urbanizava, adquirindo características do desenvolvimento que ambos sonharam, mas não lhes coube concretizar.

2
A História de Frei Reginaldo – Sua Ascendência Espiritual

Fazendo um mergulho na encarnação que antecedeu a existência de frei Reginaldo, encontraremos um centurião romano que perdeu a posição privilegiada quando as invasões dos bárbaros se sucederam no território da Bretanha.

Desiludido e abandonado pelos superiores hierárquicos, desestabilizados por não poderem sustentar o poderio do império prestes a esfacelar-se, o centurião recolheu-se a uma vivenda, triste e humilhado, despojado do orgulho que inspirava a águia romana, símbolo da prepotência e arrogância de um povo.

Nesse período, seu nome era Tibério, patrício romano que teve sob seu comando uma legião do poderoso exército, constituída de poucos homens livres e de muitos mercenários. O idealismo reinante no apogeu das glórias romanas quase não existia, e o comandante ressentia-se dessa situação.

Quando a incerteza e a insegurança tomaram conta da região sob sua responsabilidade, muitos mercenários desertaram abandonando o posto, deixando Tibério às voltas com a investida de um povo considerado bárbaro, sem que pudesse contar com a eficiência de seus comandados. Invadido o território, a parcela que restou da legião, para sair ilesa, teve de se submeter às exigências dos vitoriosos. A partir de então, o militar viveria recolhido em sua pequena vila, na companhia da esposa Gisela e dos filhos Lúcio e Plínio.

Afastado das lutas fratricidas, desnecessárias e inglórias, Tibério entrou em contato com a filosofia cristã.

Os princípios do Rabi da Galiléia eram ainda difundidos com relativo fervor na Europa ocidental, embora muitos conceitos emitidos pelo Mestre celestial já estivessem contaminados por idéias que não eram autênticas, que se mesclavam em um processo, até certo ponto compreensível, de aculturação. Os romanos eram orgulhosos demais para assimilar, sem questionamento, os princípios de igualdade e fraternidade pregados pelo Cristianismo.

Os povos considerados bárbaros, porque não falavam a língua latina nem possuíam os mesmos valores culturais dos romanos, esses, sim, assimilariam com maior facilidade os novos conceitos, fundindo-os com os seus, dando origem a algumas seitas consideradas heréticas pelas autoridades da Igreja nascente. O Cristianismo organizara-se tomando como modelo as instituições romanas, em conformidade com fundamentos herdados do Judaísmo, que formaram a estrutura que podemos observar nos dias atuais. Foi assim que se desconfigurou a pureza da Boa Nova, com acréscimos oriundos das várias traduções da língua de Jesus para o grego e para o latim.

Jesus expressou uma mensagem universal de amor e fraternidade entre os povos, filhos do mesmo Pai. Cada civilização interpretou esses ensinamentos aplicando-os a seu modo, fazendo uma adaptação aqui, uma concessão ali.

Paulo, o apóstolo dos gentios, há séculos não estava presente para corrigir possíveis desvios, como fizera em seu tempo, por meio das enérgicas epístolas. Foi ele quem levou ao mundo mediterrânico as verdades inovadoras do Cristianismo, em numerosas e cansativas viagens, pregando a Boa Nova, culminando com a sua presença em Roma, capital do império.

Desde então, interpretações diferenciadas foram feitas e, ainda hoje, são debatidos temas alusivos à doutrina de Jesus, sem que se chegue a um consenso que satisfaça a interesses dessa ou daquela ordem.

Nos primeiros séculos, o Cristianismo ganhou fôlego dentro do império romano, apesar das dificuldades criadas pelos césares que combateram os cristãos, como se fossem uma praga se alastrando com possibilidades de minar a combatividade do poderoso exército. As lições de humildade e igualdade entre servos e senhores não combinavam com a arrogância de um ideal guerreiro e expansionista.

Enquanto a nobreza romana rejeitava a nova doutrina, os povos submetidos e humilhados receberam-na como um sinal dos céus. Enquanto a cúpula administrativa o repudiava, o Cristianismo ganhava a força popular.

Com o suceder dos séculos, os cristãos organizaram-se em igrejas episcopais, sob a responsabilidade de bispos, surgindo então um esboço da hierarquia eclesiástica que conhecemos. Não havia, no início, um poder centralizador, a autoridade vinha do exercício do ministério sagrado, até que a organização se fizesse presente, alguns séculos depois.

Esse processo histórico teria que ser estudado em profundidade, mas foge à nossa alçada um mergulho profundo na história da difusão do Cristianismo. Para os nossos propósitos é suficiente essa singela análise. A Doutrina que jorrou com indescritível beleza dos lábios do mais encantador e sábio dos mortais, o Cordeiro de Deus que imantou com magnetismo sublime o recanto da Galiléia, aos poucos foi contaminada pelo raciocínio humano, empobrecido e tendencioso, que a maculou ao ponto de quase desfigurá-la por completo, não fosse a presença enérgica de missionários a mando do Senhor.

A obra gigantesca plantada pelo grande Mestre não poderia jamais perecer, visto que sua finalidade é eterna, sua validade é permanente. Ela sempre reviverá apesar dos percalços, tornando-se mais sólida, porque a obra de Deus não haverá de ser vencida pelos humanos. Ela "renascerá" da própria cinza ainda mais bela, mais forte, porque restaurada por Entidades sublimes que vêm à Terra sob os auspícios do Senhor. Essas Entidades nunca se deixam enganar, pois trazem em si a marca definitiva dos escolhidos do Senhor, daqueles que se redimiram e colaboram para a redenção dos irmãos.

Tibério, tornando-se livre dos compromissos militares, voltou os olhos para a realidade ao redor e percebeu a situação degradante dos servos romanos. Ele, como patrício, classe dominante, tinha direitos que o colocavam em posição de superioridade. Os outros, considerados inferiores, lutavam com dificuldades para sobreviver em uma terra onde prevalecia a lei dos mais fortes, onde os valores espirituais não haviam sido agregados ao cotidiano da nobreza detentora do poder.

Quando conheceu o Cristianismo, estava com a alma preparada para aceitar uma religião que pregava a justiça social, que afirmava a igualdade, perante Deus, de todos os homens, independentemente de suas origens raciais. Para aceitar a nova fé, precisou arremessar para fora de si os preconceitos adquiridos durante a vida. Se ainda estivesse cheio de si, se ainda supervalorizasse a nobreza, com certeza não estaria apto a incorporar os postulados cristãos.

Esta é a condição mínima que se exige do crente de qualquer religião, que se desapegue de sentimentos egoístas que inferiorizam a alma e a impedem de perceber outros valores que a conduzirão, com sucesso, ao encontro da felicidade. De que adiantaria ao homem ganhar o mundo inteiro se viesse a perder a sua alma? Homens e mulheres, para ser felizes, precisam renovar-se interiormente, abrir mão de certos personalismos e certas posturas não condizentes com a situação de seres racionais, inteligentes e livres.

A essência das mensagens paulinas (do apóstolo Paulo) ainda pairava sobre o plano terreno, clamando pela reforma interior do indivíduo. Tibério ouvia as preleções dos missionários e aprofundava as próprias conclusões. Não obstante ser um homem abastado, com riqueza suficiente para garantir a sua sobrevivência e a dos familiares, recusou-se a viver como um parasita social. Teria que trabalhar, e que melhor trabalho do que tornar-se um divulgador da nova doutrina, que pregava ordem e justiça entre os homens?

Aos poucos, o homem vaidoso das raízes romanas ajustava na mente os conceitos evangélicos. Em seguida, procuraria evidenciá-los para os familiares, os amigos, os conhecidos. Com a firmeza que comandara uma legião romana, sem permitir desvios de conduta dos subordinados, ele procuraria, mais do que o entendimento das letras, a revelação do espírito que se manifestava por meio dos sinais gráficos.

Tibério era um homem de cultura, e a tradução dos evangelhos para a língua latina facilitou o seu aprendizado, enquanto dificultava o entendimento dos povos que viveram à margem da civilização romana. A maior parte da população era composta de pessoas iletradas, situação que facilitou o domínio daqueles que conheciam a língua dominante e se prevaleciam desse conhecimento para se impor aos demais.

A Igreja Cristã assumiu o controle das mentes na época em que foi depositária quase exclusiva dos conhecimentos, adotando o latim em seus rituais. Por ser um idioma desconhecido da maioria dos povos, o acesso às informações das Escrituras ficou restrito a uma elite minoritária.

Os Espíritos do Senhor se fizeram presentes no planeta Terra, inspirando, intuindo, conduzindo o pensamento da humanidade, dentro, é claro, das possibilidades que lhes eram oferecidas e das limitações que lhes eram impostas.

A humanidade terrena sempre esteve sob a responsabilidade do Cristo de Deus, que participou da criação do Planeta e do primeiro sopro de vida que se instalou sobre ele. Com a encarnação do Mestre, essa presença se tornou mais consistente, porque os homens sempre poderiam se lembrar do Ser iluminado que pisou o solo planetário, do magnetismo da voz e do olhar, da bondade do coração, da sabedoria demonstrada nos gestos e palavras.

Quando o Mestre se afastou, deixou incumbidos os discípulos, da primeira, da segunda e da terceira horas, da responsabilidade de transmitir as informações e preparar o advento de uma era regeneradora.

Tibério era uma alma predestinada a expandir os conhecimentos cristãos entre seu povo. Haveria de tornar-se um missionário que, de cidade em cidade, expandiria as revelações da Boa Nova. Não havia mais o perigo das perseguições dos imperadores, bastante enfraquecidos no poder, incapazes de combater as idéias que se expandiam com rapidez. Era um tempo favorável, e o antigo militar empunharia outra bandeira, a do Cristo crucificado, símbolo do amor e da fraternidade.

Enquanto se dedicava à tarefa de instruir-se junto aos praticantes do ministério cristão, a sua propriedade ficou entregue aos cuidados dos filhos, dos servos e da esposa. Plínio, por ser o mais velho, estava mais preparado. Criado sob rígida disciplina militar, não questionou a ordem paterna que lhe mandava cuidar da terra, das plantações e dos animais. Lúcio, poucos anos mais jovem, acompanhava o pai nos encontros entre cristãos, embora se preparasse também para auxiliar o irmão na administração da herdade.

Plínio e Lúcio eram, na época, encarnações de Romualdo-pai e Romualdo-filho, o que comprova que a vida se expande em círculos concêntricos, que o aprendizado do grupo familiar se faz por meio de diversas vidas encarnadas, nas quais as pessoas exercem papéis diferenciados, para adquirir valores e exercitar capacidades específicas.

O filho de hoje pode ter sido um pai ou tio do passado; um pai pode ser acolhido como neto em um futuro distante. Na época a que nos reportamos, ainda se falava em reencarnação nos meios cristãos. Somente séculos depois, por motivos que interessavam às autoridades eclesiásticas, é que esse conceito antigo, imensamente difundido entre os orientais, foi amortecido, no princípio, para, na seqüência, ser totalmente combatido.

Esse talvez tenha sido o maior erro praticado contra os ensinamentos de Jesus, pela Igreja Cristã, que se fez detentora "infiel" de conhecimentos que procurou manipular de acordo com interesses próprios. Quando Jesus afirmou que não se poderia chegar ao reino do céu sem renascer da água e do Espírito, estava falando em vidas sucessivas, necessárias para o aprimoramento espiritual; estava se referindo à maneira única de aperfeiçoamento do espírito imortal.

Sem essa referência para explicar a destinação da alma após a morte física, criou-se a teologia do céu, inferno e purgatório. As ameaças infernais apavoraram muitas almas ingênuas, mas não as conduziram ao aperfeiçoamento moral, impossível de ocorrer em uma única existência.

Para amenizar a situação e segurar os fiéis sob seu controle, a Igreja criou o sacramento da penitência, prometendo o perdão dos pecados a quem se comprometesse a fazer polpudas doações. As ofensas menores seriam pagas com penitências menores, algumas orações proferidas pelo pecador, que saía do confessionário julgando-se absolvido por Deus e isento de qualquer responsabilidade pelos atos praticados.

Aos poucos ficaram esquecidos os apelos de Jesus e dos apóstolos para que os homens se renovassem, para que mudassem de atitude, deixando florescer dentro de si os valores espirituais que o Pai plantou no ato da criação. A reforma do comportamento, de necessidade extrema para o ser humano que transitou, no passado, pelo território da animalidade, foi relegada a um plano secundário. Os cristãos se davam por satisfeitos quando rezavam uma dezena de orações decoradas, a mando do confessor.

É conveniente ressaltar a influência perniciosa que se originou do envolvimento do clero com os políticos dominantes. Muitos bispos eram nomeados pelo governante local em consideração aos interesses humanos, em total desconsideração com as qualidades morais e espirituais do candidato, fato que acentuou o baixo nível espiritual da cristandade medieval.

Grandes crimes foram praticados e os criminosos receberam a absolvição plena, quando doaram territórios aos representantes da Igreja. Absolvição plena no confessionário, porque a consciência pesada, ao desencarnar, os conduzia a estâncias de sofrimentos inimagináveis, momentos em que amaldiçoavam as pessoas que tiveram a responsabilidade de tê-los esclarecido e, em vez disso, deixaram-nos morrer na ignorância dos mecanismos das leis divinas. Leis que não punem nem perdoam exigem sempre o ressarcimento das ofensas e o pagamento das dívidas, para que o espírito caminhe livre, distante das amarras que uma consciência de culpa estabelece.

Senhores feudais, nobres e políticos que cometeram crimes hediondos desencarnaram sob a promessa da Igreja de que seus pecados foram perdoados e descobriram, logo em seguida, que os aguardava uma situação de penúria espiritual, em região lúgubre do astral inferior, local onde permaneceriam até expurgar as mazelas da alma, para que pudessem fazer jus à região mais harmoniosa, dentro dos méritos pessoais.

Muitos sacerdotes que prevaricaram no ministério, que se dedicaram aos desvarios do sexo e às pilhagens efetuadas nos bens públicos e privados, engrossaram a horda de entidades infelizes que se recolheram no mesmo ambiente de dor e de revolta, bradando aos céus por um lugar que julgavam garantido, pelo fato de terem sido trabalhadores da seara do Mestre. Ignoravam o fato de que, aos administradores infiéis, estava prometida uma região de dores e ranger de dentes.

O astral inferior ficou repleto de entidades que se disseram praticantes do Cristianismo, que receberam a extremaunção no momento supremo e que cobravam dos sacerdotes a salvação prometida. O choque entre esses espíritos tornou-se inevitável, motivo pelo qual optaram por reunir-se em grupos mais homogêneos, forma que encontraram de se proteger.

Aos poucos, estabeleceram uma forma rebelde de agir nos submundos espirituais, elegendo líderes que se denominaram representantes do Alto, justiceiros investidos de falsa autoridade, que a utilizavam para atormentar os mais fracos, tirando proveito de suas fragilidades. Os que esboçavam qualquer reação eram trancafiados em calabouços, torturados, submetidos a transes hipnóticos...

Gradualmente, ficou estabelecido um verdadeiro reino nas trevas, onde imperavam os valores cristãos desvirtuados, onde o nome do Altíssimo era utilizado de forma degradante para justificar as mais extremas baixezas morais. Na chefia desses reinos, estava sempre um espírito muito inteligente, afeiçoado às letras do Evangelho, mas ignorante de sua essência generosa. Em nome do Cristo realizavam julgamentos e condenavam, à execração, almas que eles mesmos absolveram enquanto no corpo de carne, o que constituía penosa ironia.

Os espíritos mais ingênuos, que se deixaram enredar pelos argumentos viciosos dos chefes, formaram um séquito sombrio de adoradores, situação muito agradável à vaidade dos governantes desses submundos, que passaram a um estado de autoveneração, de presunção extrema, chegando mesmo ao ridículo de se julgarem iguais a Deus. E porque se julgavam iguais a Deus, imaginaram que não mais precisavam Dele. Imporiam o próprio código de honra, aplicariam a justiça e se deixariam reverenciar, como se fossem entidades divinas.

Fortaleceu-se, na Idade Média, um sombrio império das sombras. Quando as lideranças eram questionadas por algum espírito mais afoito, redargüiam utilizando sofismas, deturpando frases evangélicas de elevado teor, reduzindo-as a um significado banal que servisse ao próprio interesse.

Situação semelhante encontramos no momento atual, quando assistimos aos despautérios cometidos contra os ensinamentos do Senhor, utilizados para justificar a obtenção de bens materiais e prestígio político, desconsiderando-se que o Mestre combateu a usura, o apego desmedido às riquezas e abençoou os pobres de espírito.

Aqueles que exerceram o apostolado abençoado por Jesus voltaram ao mundo espiritual com o espírito tranqüilo, e foram acolhidos em lugares onde reinavam a paz e a misericórdia de Deus. Desses recantos iluminados, a maioria voltaria a palmilhar o plano físico em futuras encarnações, mais promissoras, sempre voltadas para o bem.

A luta milenar entre o bem e o mal, entre a luz e a sombra, continuaria acirrada, e podemos afirmar que, ainda hoje, nos encontramos no centro da batalha. Precisamos firmar posição. Ainda não somos totalmente redimidos, temos redutos sombrios dentro de nós que precisam ser expurgados, em uma ação de limpeza de dentro para fora; mas já caminhamos um bocado em direção à luz.

Kardec afirma em *O Livro dos Espíritos* que os espíritos muito imperfeitos são obstinados no mal, que o praticam sem peso de consciência; deleitam-se na prática de ações que ferem qualquer noção de moral, de justiça e de benignidade. Nós outros ainda escorregamos na vida diária, mas temos uma consciência mais vigilante que reage diante de um maior desvio da rota. Conhecemos os ditames evangélicos e, às vezes, intuitivamente, sem questionar se temos ou não uma crença fervorosa, escolhemos a prática das virtudes porque reconhecemos que é o melhor caminho a seguir, aquele que nos garantirá a tranqüilidade social necessária para a construção do progresso.

O mal não prevalecerá para sempre. Dia após dia, séculos seguidos de séculos, a luz que vem do Cristo vai clareando as mentes, encarnadas e desencarnadas. A dor, provocada pelos desvios insensatos, incumbe-se de fazer o homem retomar o caminho do bem, pois só este é capaz de promover a ordem, a paz, o equilíbrio físico e social.

Os discípulos de Jesus, na atualidade, são todos aqueles que se ocupam do bem e colaboram para que a verdadeira ordem conduza ao progresso desejado pelo Pai, efetuando ações construtivas, orientando os ignorantes e combatendo, pela palavra proferida na hora certa e no tom correto, os desvios que distanciam os códigos humanos dos ideais divinos.

Toda semente que produzir bom fruto será amparada por Deus. Todo ramo que florir e frutificar será podado pelo Pai para que produza ainda mais.

☡

Tibério tornou-se um pregador do Evangelho, devotado seareiro do Mestre. Em suas andanças pelas terras da Europa ocidental, confraternizou com outros núcleos cristãos, somando esforços com os bons divulgadores da causa do Cristo. Procurou estar sempre perto do povo mais simples e desprotegido. Por ser um homem de letras, sabia conversar, explicar e, em muitos casos, convencer. No entanto, ponderava que o exemplo deveria falar mais alto. Evitava polemizar sobre o assunto quando percebia uma reação de repúdio. Agradecia a hospedagem e se afastava em busca de outros núcleos, outros povoados que ainda desconhecessem a mensagem de Jesus.

De tempos em tempos retornava ao lar onde se fortalecia no contato com a família que nunca desprezou. Como cristãos conscientes, todos os membros se convenceram da importância da obra realizada pelo chefe e, cada um a seu modo, procurava contribuir para o bem-estar da comunidade. Aboliram a escravidão dentro da propriedade. Antigos servos tornaram-se colaboradores assalariados e o pequeno núcleo expandiu-se de forma a se tornar pequeno povoado, célula que daria origem a uma cidade próspera no futuro.

Plínio estava consorciado com uma jovem cristã e formava uma bonita família. Lúcio, mais retraído e tímido, dedicava-se com devoção à arte de ensinar as crianças da região, momento em que se revelava um professor extrovertido, em contato com o magnetismo infantil.

O casamento não estava nos propósitos do filho mais novo, que não queria dividir o tempo com um grupo pequeno de pessoas, quando anelava por dedicar-se de corpo e alma a um objetivo maior. O celibato pareceu para ele o caminho mais correto, que lhe daria uma realização pessoal mais feliz. Foi uma opção que brotou de sua consciência, ampliada pela recordação de compromissos assumidos quando do planejamento da encarnação.

Quando o pai desencarnou após ter fundado várias igrejas pelas redondezas, foi Lúcio quem assumiu o posto de Tibério, desempenhando um papel de realce na divulgação do Evangelho. Era um homem livre de preocupações familiares e pôde dedicar-se, com exclusividade, ao ministério que escolheu.

Nesse período, os pregadores do Evangelho não estavam impossibilitados de constituir família. Somente séculos depois, a administração da Igreja impôs o celibato como exigência para o exercício do sacerdócio, mais em função de alguns desregramentos morais do que por necessidade fundamental.

Nos primeiros tempos a vida era mais simples. Os pregadores providenciavam o próprio sustento com a realização de trabalhos úteis à comunidade; eram trabalhos manuais que davam o retorno necessário para que continuassem na caminhada, no afã de iluminar as almas.

Com a complexidade crescente, resultante do próprio progresso, era interessante fixar uma residência, fundar uma igreja e trabalhar em conjunto em um mesmo lugar. A propagação do Cristianismo deu sua contribuição para a formação de novos agrupamentos e para a criação de pequenas escolas onde se aprendia o catecismo. Por essa época o latim foi considerado a língua oficial nos atos litúrgicos da Igreja Romana.

Tencionou a Igreja controlar as informações e a interpretação da Bíblia. Os crentes não teriam condições de pensar com a própria cabeça, de tirar deduções e conclusões que diferissem das idéias que a hierarquia eclesiástica impunha.

Como as populações européias, na maioria, desconheciam o latim, que aos poucos se tornou uma língua morta, os ofícios religiosos perderam o fervor porque as pessoas desconheciam o sentido das palavras que proferiam. Na prática, os rituais tornaram-se frios, desprovidos de significado para os crentes que, ao longo do tempo, se contentaram em fazer o que viam os ministros do culto fazerem.

Foi uma perda muito grande em termos de religiosidade. Os esforços dos discípulos da primeira hora do Cristianismo ameaçavam perder-se, e assim teria sido não fosse o controle do Alto que, de quando em quando, enviava missionários, como Francisco de Assis, para reavivar a chama da fé quase apagada.

O Mestre advertiu que não se retirasse da Boa Nova nenhum acento que fosse, tampouco que houvesse acréscimos perturbadores. Em sua divina sabedoria, Ele anteviu os acontecimentos futuros, mas considerou que valia a pena investir na humanidade porque, a seu tempo, as coisas seriam colocadas no devido lugar.

Com o ciclo das grandes navegações, a palavra do Cristo chegou a continentes bem distantes, e aos nativos "pagãos" foram impostos o batismo e o aprendizado do catecismo. A salvação, dizia-se, ficava restrita aos batizados, não mais se dando ênfase à importância do amor ao próximo, como condição fundamental na conquista da vida eterna. Em breve tempo, estabeleceu-se o lema – que a sabedoria de Kardec, séculos depois viria modificar: "fora da igreja não há salvação"!

▼
▼

Tibério desejou de todo o coração visitar os territórios percorridos por Jesus. Sua alma tinha sede de maior contato com os ares que acolheram o Nazareno, alguns séculos atrás. À noite, se era sonho ou realidade ele não sabia, seu espírito procurava refúgio em um território diferente, à beira de um grande lago, que lhe parecia recordar o Tiberíades. Ele ainda via os barcos e dentro deles muitos homens lançando as redes, que se iluminavam a cada movimento. Não havia peixes dentro delas, mas o missionário as via repleta de seres macilentos, disformes, que clamavam por misericórdia e eram amparados por mãos poderosas. Quando acordava, Tibério se perguntava:

quem seriam os homens que empunhavam as redes? Seria um novo tipo de pescadores de almas?

A promessa de Jesus aos apóstolos convocados ao ministério cristão, de que exerceriam uma pesca diferente, relacionada com a conquista das almas para um novo reino, tornava-se realidade para o antigo militar, de forma que ele via se concretizar em seus sonhos a verdade evangélica. Ao acordar, punha-se a cismar com as terras do Oriente, mais desejoso ainda de se fazer presente nos territórios da antiga Palestina.

Por essa época, diversos povos, de etnias diferentes, habitavam a terra considerada santa pelos cristãos. Conviviam em um clima de paz, comercializando os produtos regionais, indiferentes quanto às crenças religiosas.

O templo de Jerusalém não se erguera das ruínas em que fora transformado pelos romanos. A fé monoteísta não estava amortecida na alma dos judeus remanescentes, sendo que o culto judaico continuou firme em suas tradições dentro dos lares e nas sinagogas.

Os núcleos cristãos continuavam existindo sob a orientação de arautos do Evangelho, com quem Tibério se confraternizou e tomou conhecimento das belezas do primeiro momento da grandiosa doutrina. A tradição oral falava de atos quase heróicos dos primeiros evangelizadores, da abnegação e renúncia dos que partiam "sem bolsas e sem alforjes", confiando sempre na caridade cristã e na força dos próprios braços, sem tirar proveito da situação de missionário.

Os enfermos ainda eram curados pela força da fé e aplicação intuitiva de fluidos espirituais, que os mensageiros de Jesus manipulavam inconscientemente, despreocupados quanto à origem do bem que praticavam, porque sabiam que todo o bem tinha origem em Deus e em seu nome devia ser praticado.

Os espíritos imundos eram afastados, a exemplo do que fez Jesus, não por exorcismos e palavras agressivas, mas pela força do amor depositado na conversa simples, amigável, que estimulava ao perdão da ofensa recebida.

Os encontros para a leitura do Evangelho eram feitos à noite, depois do trabalho realizado; os cultos dominicais incluíam orações espontâneas e cânticos de louvor. A Boa Nova era esmiuçada e os cristãos, tanto quanto agora, eram estimulados à reforma interior.

A igreja do Oriente assumiu características especiais por força de influências políticas. A distância de Roma e a dificuldade de comunicação prepararam o terreno para algumas divergências entre o Cristianismo romano e o oriental, embora em essência visem ao mesmo objetivo e se considerem cristãs, herdeiras do patrimônio do Cristo.

▶▶▶

3
Tibério na Palestina

Respirar os ares da Palestina, confraternizar com os cristãos que receberam dos arautos do Cristianismo a tradição dos ensinamentos atribuídos a Jesus, felicitava o espírito do missionário.

Havia tanto a aprender – considerava ele. Havia muito a observar. Percorrendo aqueles sítios bastante modificados pelo tempo e pelas guerras, nosso personagem meditava nas passagens evangélicas que se referiam às parábolas do Mestre. Sentou-se, à beira do lago, para compreender melhor o significado de seu misterioso sonho. As almas que viu se erguerem do fundo lamacento com certeza seriam espíritos ainda carentes de fé, que se agarravam às fibras luminosas das redes que lhes eram arremessadas. O significado que essa visão sugeria era de uma convocação ao serviço, pois o Mestre, com certeza, estava a arregimentar trabalhadores para a sua vinha.

Nas verdes pastagens, ao redor das montanhas e nos vales, ele imaginava a figura majestosa do Bom Pastor, sempre perseverante, à procura da ovelha desgarrada.

Ao apreciar o canto dos pássaros e a beleza das flores silvestres, entendia a referência que o Mestre fizera à sabedoria do Pai, que tudo providencia para o bem dos filhos, sem a necessidade de angústia e excesso de preocupações.

Com certeza, concluía o inteligente missionário, Jesus retirara essas imagens de ocorrências do cotidiano. Falando uma linguagem simples, Ele atingiu o coração do povo, muito mais do que o intelecto. O que o cérebro registra pode ser esquecido, ponderava, enquanto o que toca o coração permanece para sempre.

Sábia conclusão a de Tibério, que endossamos para os dias atuais. Excesso de intelectualismo pode conduzir a sofismas que não se aplicam à ética cristã. O que é essencial é apreendido com maior facilidade pelos "simples e pequeninos", despojados de preconceitos e abertos para o recebimento de novas informações.

Tibério não se preocupou em visitar os lugares que a tradição atribuía aos sofrimentos do Mestre. Ele procurava vida, e a encontrou em abundância na cidade de Nazaré e Cafarnaum, às margens do Tiberíades e do Jordão. Cada lugar parecia falar-lhe de uma mensagem messiânica e, ao lado do conhecimento da letra evangélica, o missionário pôde apropriar-se do espírito que permeia todo o texto do Novo Testamento: uma Boa Nova chegou aos homens, um Filho do Deus Altíssimo se fez carne e habitou entre nós!

De várias reuniões evangélicas ele participou, acompanhando as leituras das Escrituras e as preleções! O espírito do romano se abastecia de energia nova e aos poucos se cristianizava. A arrogância do antigo soldado estava praticamente amortecida, mas precisava ser erradicada de vez. Por isso, as lições de sabedoria que a vida lhe aplicou. Teve de trabalhar para sobreviver, o que contrariava frontalmente as idéias dos povos conquistadores, que consideravam o trabalho braçal de gênero inferior, somente exercido por servos ou escravos.

Ali, no berço do Cristianismo, Tibério teve de buscar o próprio sustento, desde que empreendera a viagem somente com os recursos necessários para os primeiros tempos. Lembrou-se do exemplo de Paulo, um grande doutor da lei, que se transformou em simples tecelão e não considerou uma ofensa à cidadania romana prover às próprias necessidades.

Se todos pudessem fazer um retorno à pureza dos primórdios da Doutrina Cristã, beber na fonte cristalina dos ensinamentos do Cristo, sem interferências humanas, sem deturpações, veriam quão notáveis eles eram, sem os rebuscamentos e artificialismos que lhes foram impostos. A verdade era sem mancha, tão simples que chocou a prepotência dos doutores e fariseus que, por não entenderem o que era simples, repudiaram-na de imediato.

Ainda hoje, pessoas existem que desconsideram as coisas pequenas do cotidiano, por se julgarem superiores, capazes de feitos notáveis, que escapam à maioria da população.

Assim acontece também com alguns pastores de almas, que se colocam em um pedestal de santidade e administram os ministérios sagrados como se fossem propriedade particular. Falam em milagres com autoridade que só possuem na imaginação e realizam aparentes curas onde só existia aparência de enfermidade.

As verdadeiras curas operam-se nas almas e, na maioria dos casos, são invisíveis ao olhar humano. Quando o mal atingiu o corpo físico, fica difícil a erradicação. Quando a pessoa não se reformula por dentro, a doença volta a agredir e talvez com mais força, porque a reincidência de um mal é sempre pior que o primeiro momento.

O nome do Cristo é utilizado como disfarce para grandes despautérios. Aconteceu no tempo das Cruzadas, no terrível tormento da Inquisição, nas guerras de raiz religiosa, no passado e no presente. Todas as vezes que nos apoiamos no nome do Senhor para justificar nossas insanidades, estamos deturpando a filosofia cristã, fornecendo, àqueles que não crêem, motivos para continuar na incredulidade. Prestamos um desserviço à obra de Jesus quando retiramos do Evangelho uma letra, um acento gráfico que seja, e arranjamos para nós mesmos uma dívida a ser cobrada, senão nesta mesma vida, com certeza em encarnação vindoura.

Tibério viveu período de pleno êxtase ao percorrer os territórios pisados por Jesus. A psicosfera terrena estava repleta da energia que o Mestre ali concentrou, séculos antes. Não se tratava de milagre, mas de fato corriqueiro que a ciência terrena, se ainda não explica, com certeza explicará. O magnetismo do Mestre era impossível de ser medido; concentrado, em grau extremo, possibilitou que as imagens retratadas nas parábolas e ensinamentos ficassem como que "pairando" no ar, à disposição do crente mais reflexivo, como era o caso de Tibério.

O ex-soldado alimentou-se das próprias palavras de Jesus, como se estivesse ao seu lado durante a vida física. Quando se recolhia nos templos cristãos, interiorizava-se e "via", com detalhes minuciosos, as figuras utilizadas na linguagem dos primeiros cristãos, suas dificuldades em vencer a barreira do preconceito judaico-romano e a luta pela sobrevivência física. Ele "quase" via os coxos abandonando as muletas, os leprosos deixando-se limpar, os cegos voltando a enxergar.

Tudo ficou plasmado nos "céus" da Palestina, à disposição de quem tivesse olhos para ver. Ainda hoje, a vida e os feitos de Jesus e dos primeiros discípulos estão plasmados no éter cósmico, iluminando os crentes quando elevam o pensamento em oração e podem se abastecer de novas energias.

Tibério não foi testemunha ocular apenas de feitos iluminativos. Presenciou dissensões entre os adeptos da nova doutrina, discussões estéreis que nada produziam de bom e, como nos dias atuais, percebeu que algumas pessoas se prevaleciam da função ministerial para sobrepor-se às demais.

O ser humano, que ainda não logrou moralizar-se, tenta infiltrar-se em organizações religiosas para tirar algum proveito pessoal e material, porque não entendeu o objetivo de toda religião, que é o de ligar a criatura ao Criador, ou ainda, tornando mais claro, o de religar, posto que a criatura se desligou de Deus ao longo da existência.

Fomos criados sem experiência, mas não fomos criados na maldade. Dentro de cada um ficou gravado o sinal do Criador, essa tendência inata que nos inspira a reatar o elo com Ele, porque sentimos uma ausência indefinida quando nos apartamos de nossas raízes. Nossa raiz primordial está em Deus e para Ele tendemos em todas as emergências de nossa vida.

Passados alguns séculos da partida de Jesus, muitos conflitos grassavam dentro da seara cristã. Tibério analisou os fatos e concluiu, por si só, que a pureza da doutrina se assentaria em uma vida de retidão, de contato permanente com o Alto por meio da oração freqüente. Os maiores inimigos não estavam fora do rebanho, eram os próprios cristãos que se desentendiam, que mutilavam o legado espiritual de Jesus com a introdução de falsas teorias, criando seitas consideradas heréticas, dando às mensagens evangélicas um teor que o Mestre nunca admitiu.

▼

Tibério regressou à terra natal, da forma como regressa a terra firme um marinheiro que passou meses no mar. Estava ansioso pelo contato com a família e com o grupo de amigos que formara. Trazia na bagagem alguns pergaminhos, que se diziam cópias dos originais dos próprios discípulos.

Existiam numerosos escritos sobre a mensagem evangélica. A seleção dos Evangelhos somente foi feita em séculos posteriores, quando a Igreja Romana restringiu a quatro aqueles que considerou inspirados, que a tradição atribui a Mateus, Marcos, Lucas e João. Os escritores foram numerosos e cada um seguiu a inspiração que julgou captar, de acordo com o próprio entendimento.

Ainda hoje, considera-se peculiar a condição dos médiuns que captam mensagens espirituais. Se as mensagens vêm mescladas com a visão que o medianeiro tem do referido assunto, nem por isso devem ser consideradas apócrifas. Se não atingiram a perfeição absoluta, elas transmitem a verdade de forma parcial, da maneira relativa que o médium pôde apreender, mas são úteis para o momento em que vivemos.

A mediunidade sempre existiu no seio da humanidade. Foi ela que possibilitou aos seres humanos o progresso conquistado. A intuição é uma forma de mediunidade, assim como a inspiração. Sem essa portinhola aberta para o mundo espiritual, o ser encarnado estaria como que preso em um escafandro, impossibilitado de caminhar, de dar asas à imaginação, de produzir inventos que melhorassem a vida do povo.

A finalidade da encarnação não é a de aprisionar o homem em um corpo carnal denso e fechado em si mesmo, tornando-o incapaz de elaborar pensamentos que extrapolem as dimensões físicas, situação que o impossibilitaria de progredir. Sem progresso não haveria evolução.

A mediunidade ostensiva, que permite ao medianeiro manifestar o pensamento e a vontade dos seres espirituais, existe em função da necessidade de se educar os espíritos encarnados, demonstrando a continuidade da vida além-túmulo e a supremacia do espírito sobre a matéria.

Desde a Antiguidade histórica, temos notícia de médiuns videntes, de oráculos e profetas, seres comuns, embora fossem tratados com certa deferência, incumbidos de transmitir recados de instâncias espirituais superiores, com finalidade educativa.

Quando homens e mulheres encarnados ficarem mais atentos aos apelos que vêm da alma, compreenderão que são médiuns em potencial maior ou menor, que estão sujeitos à influenciação psíquica para o bem ou para o mal, dependendo de quem envia a sugestão.

Para que essa percepção ocorra é preciso silêncio interior, calar as vozes que inspiram a distração e o excesso de prazeres. No silêncio da meditação e da prece é que se encontram as vozes dos mensageiros excelsos; mesmo que não possamos ouvi-las com os ouvidos físicos, podemos pressentir o seu significado com os sentidos da alma.

Quando nos calamos, Deus pode conversar conosco, sugerir um melhor comportamento, desaconselhar uma atitude de risco para nós, nossos filhos e familiares, assistência que o Todo-poderoso nos fornece por meio de seus mensageiros celestes, os espíritos do bem, como dizemos, que estão em todos os lugares e captam todos os pensamentos. Há sempre um retorno; é preciso estar atentos para entender a voz de Deus.

Como cantam os poetas, Deus se encontra em todas as manifestações da natureza: na beleza dos campos floridos, no canto mavioso dos pássaros, na riqueza pujante do solo que fornece ao homem o pão de cada dia. De forma, porém, mais consistente, Ele se encontra na alma humana à espera do silêncio interior para poder se manifestar e se fazer entender. Reza a Bíblia que fomos formados à sua imagem e semelhança, figura de linguagem que ainda não conseguimos desvendar com precisão. Entendemos que a similitude se encontra no espírito imortal, que mais se aproximará da divina grandeza quanto mais se despoje de resquícios de materialidade.

Se Deus está em nós, por que sentimos tanta dificuldade em contatá-Lo? Não seria pelos desvios que estabelecemos em nossa rota, pelo excesso de necessidades materiais que criamos, pelo pouco tempo que dispensamos à oração e pelos restritos momentos de reflexão que nos permitimos?

Assoberbados pela busca incessante do que nos enriquece materialmente, do que nos garante uma vida abastada, sem muito sacrifício, restringimos o tempo de contato com o Alto e da busca de inspiração para nossa realização pessoal como seres espirituais que somos primordialmente.

⁂

Tibério chegou ao fim de seus dias terrenos com total devotamento à causa cristã, divulgando-a pela palavra e pelo exemplo. A esposa, também devotada, pouco pôde realizar em razão das restrições que eram impostas às mulheres, sempre participantes, sempre atuantes, porém de forma reservada, discreta em terreno considerado masculino, pois só aos homens era dado o direito ao sacerdócio.

Plínio e Lúcio, espíritos afins que caminhariam unidos por várias encarnações, deram prosseguimento à missão paterna, tornando-se modelos confiáveis para a comunidade.

Tibério preparou-se, na encarnação que acabamos de descrever, para assumir o papel de destaque que exerceu, na outra, na personalidade do frei Reginaldo, com apurados dotes psíquicos e uma plêiade de amigos espirituais que o assessoraram naquele período medieval, de poucas luzes intelectuais, em que ele se destacou porque foi tutelado por um avô amoroso e preocupado.

Grupos familiares harmoniosos não se improvisam, são treinados encarnação após encarnação, quando apuram afinidades e aparam certas arestas do comportamento. As experiências vividas no dia-a-dia, o apego natural que se estabelece entre pais e filhos, irmãos e irmãs, esposos e esposas, vão trabalhando os temperamentos, tornando-os mais afáveis; vão apurando o gosto pelas artes terrenas como a música, a pintura e literatura; se houver uma assimilação dos mesmos conteúdos religiosos, as afinidades serão incorporadas definitivamente, e o grupo familial pode se tornar unido de forma determinante, nessa encarnação e provavelmente nas futuras.

Não pensemos que os atritos que observamos nos lares, em nosso tempo, são provocados por espíritos antigos que se antipatizam. Na grande maioria, são companheiros de primeira ou segunda viagem, que estão testando os talentos em um grupo familiar formado recentemente, daí a origem das divergências e desentendimentos.

Quando um espírito missionário deve reencarnar, a Espiritualidade providencia, em primeiro lugar, uma família com afinidades bem definidas, o que não significa identificação completa no modo de agir e de pensar. Os espíritos não são cópias uns dos outros, têm personalidade própria, mas em se tratando de tarefa missionária é preciso um pouco de cumplicidade, pelo menos com alguns membros do clã doméstico. Espíritos superiores, embora fortes, carecem de um mínimo de apoio para deixar florescer as potencialidades. Quando esse apoio não chega do plano físico, cabe aos Espíritos da mesma ordem dar o suporte necessário, para o bem da missão e do missionário.

Assim foi com o missionário Francisco Cândido Xavier, o mais recente e conhecido emissário de Jesus. Um exército de bons espíritos montou guarda, dia e noite, ao seu redor, impedindo que entidades malfazejas o prejudicassem, de forma direta ou indireta, aproveitando-se dos desencontros que podiam ser percebidos em uma família numerosa.

Como dizem os espíritos encarregados de fornecer orientações, as ações da Espiritualidade são organizadas com disciplina e método, pois podemos prever certos acontecimentos e evitá-los quando for pelo bem da Causa. Quando o bom seareiro sai a campo para o trabalho, o Mestre tem recursos para protegê-lo do excesso de contradições que não lhe fariam bem à alma. Pequenos contratempos, se não lhe são poupados, é porque são úteis para o fortalecimento da vontade e o aprimoramento das virtudes, como a paciência e a tolerância, a fé e a humildade.

▶▶▶

4

Jeremias

Transcorridos alguns séculos da existência de frei Reginaldo, vamos encontrar a mesma entidade espiritual na roupagem de um imigrante em terras do Novo Mundo. Era um aventureiro, no conceito popular. Deixara a pátria-mãe, em solo europeu, para aventurar-se em busca do desconhecido. Muito mais do que fortuna, ele, um homem em plena juventude, buscava aquietar os anseios e sobressaltos da alma.

Nosso personagem viveu em terras da Espanha, como Jeremias, momentos de pesar com o rumo que certos inquisidores imprimiram ao governo da Igreja.

Ele não era um cético, era um crente de alma aberta e pensamento livre, que não se dobraria às exigências descabidas de uma religião que impunha regras e mandamentos pouco claros, proibindo aqui e obrigando ali, em um tratamento indigno da comunidade.

A América era vista como um reduto acolhedor, onde a prática religiosa seria livre, visto que os órgãos eclesiásticos não tinham forças suficientes para lançar os tentáculos alémmar, com o intuito de perseguir pessoas consideradas hereges pelo cultivo de crenças diferentes, como o Judaísmo e o Protestantismo.

O pensamento humano, que esteve aprisionado durante o período medieval, havia ressuscitado com novas luzes introduzidas por um pensamento mais humanista, centrado no homem, e pela reforma protestante que pretendia combater excessos da Igreja. Uma nova maneira de entender as Escrituras, a prática religiosa isenta de acomodações que favoreciam o domínio da religião sobre a política, uma maneira mais austera dentro dos mosteiros que não primavam por uma vida de moral cristã, eram considerações propostas e aceitas por muitos seguidores do Cristianismo, que então se disseram reformadores.

A luta esteve acirrada no velho continente europeu, e as guerras religiosas, que até o presente deixam marcas indeléveis, irromperam com força total, inspirada por agentes espirituais que não desejavam a remodelagem da Igreja Romana.

Líderes enviados pelo Alto foram para a fogueira da Inquisição. Governantes que aderiram ao novo movimento religioso se armaram contra aqueles que se colocaram na defesa das práticas antigas. Não houve quem não sofresse, na carne e no espírito, com a luta sem sentido que se travou entre cristãos católicos e protestantes. Estávamos no início da Idade Moderna e a começávamos assim, com muito ódio no coração.

As terras americanas, conhecidas como o Novo Mundo, seriam o canteiro do novo jardim que o Criador ofereceria aos filhos mais pacíficos, cansados da peleja, que não tivessem pendências cármicas no velho território. Abria-se uma nova vereda, difícil de ser trabalhada por ser pouco civilizada, mas em contrapartida ofereceria uma trégua para os espíritos. Aqueles que se lançavam, espontaneamente, nessa proeza, eram considerados insanos aventureiros, porém entendemos que a mão de Deus os conduzia para uma região distante, com a finalidade de dar início a uma civilização isenta dos erros do passado, que poderia ser o berço de uma geração mais feliz e pacífica.

Os objetivos do Criador são sempre generosos. Se as coisas não fluem como planejadas, deve-se ao despreparo ou má vontade da humanidade, que frustra os mais perfeitos planos, porque ainda vive em estado de precário entendimento e é portadora de vícios alienadores, como o orgulho e o egoísmo.

Ao Senhor recorre o homem quando se ressente das dores que ele próprio provocou, resultadas da invigilância e do mau comportamento. Questiona a Deus, quando deveria questionar a si próprio.

Os orientadores do Alto sempre estiveram presentes no orbe terráqueo, auxiliando o ser humano no melhor direcionamento da conduta, estimulando-o a práticas de fraternidade, demonstrando que o progresso deve estender-se para todos e não favorecer apenas a uma mínima parcela da população...

A humanidade tem demonstrado uma teimosa cegueira que a impede de contemplar mais longe. Preocupada com o hoje da existência, desconsidera o futuro espiritual e age como se não tivesse o amanhã. Quando as catástrofes acontecem, gritam e blasfemam os seres, perguntando onde estava Deus que não enxergou o que estava por vir.

Deus não só enxerga, como também é onisciente. Tudo sabe, tudo vê, tudo providencia e tudo permite. Os filhos precisam aprender as lições necessárias para o bem-viver. Alguns, mais dóceis e receptivos, aprendem com facilidade; outros, arrogantes e orgulhosos, julgam-se superiores em tudo e só se curvam frente às dores que providenciam para si, quando menosprezam as leis naturais.

O conceito do livre-arbítrio, exposto com clareza nos postulados espíritas, transfere, para o homem e a mulher, a responsabilidade pela própria vida. Se não fomos concebidos como marionetes, como robôs que podem ser comandados por um controle remoto, cabe-nos gerenciar nossos atos para que não gerem tormentos desnecessários, para que não soframos além da cota necessária para nosso crescimento evolutivo.

A sabedoria divina se torna visível até para os filhos menos dotados de razão e discernimento. Quando é dito que aquele que planta deverá colher na mesma proporção, que o mal que é praticado gera um efeito negativo para a existência de quem o praticou, estamos reforçando a idéia de que o ser humano é responsável pelo tipo de vida que lhe cabe em cada encarnação.

Deus, que não premia nem castiga, estabeleceu regras definitivas para a ascensão espiritual, regras essas que formam o conjunto de leis naturais, sábias e irrevogáveis. Leis bondosas, que não visam ao sofrimento dos filhos, porque Ele não deseja a extinção nem a condenação dos seres que amorosamente criou.

Jesus deixou orientações estimuladoras para que o homem buscasse o reino dos céus, que se interessasse pelas coisas perenes, para que não alterasse o teor de suas palavras, caso em que seria lançado, por si mesmo, em regiões difíceis, de muito choro e arrependimento. O Mestre colocou nas mãos do homem o seu futuro, a sua destinação. Paulo, na seqüência, reforçou que ao homem tudo é permitido, mas nem tudo lhe convém, porque não contribui para seu crescimento pessoal.

Vemos a essência do puro Cristianismo que procurou colocar o ser humano no pedestal que o Criador lhe destinou, de um ser consciente, livre e inteligente, responsável por si e pelo meio social em que se insere. Os desvios da rota não podem ser creditados ao Autor da vida.

Jeremias abandonou a terra dos avós, trazendo para o novo continente uma esposa jovem e dois filhinhos. Trazia na bagagem alguns trocados, fruto de seu trabalho no campo, e, na alma, muita tristeza e alguma esperança. Ouvira falar de novas oportunidades, de liberdade para pensar em matéria de religião, embora não mais se julgasse um crente fervoroso nem um católico praticante. O fervor dos primeiros anos havia arrefecido ao presenciar atos de insanidade praticados pela elite religiosa de sua terra.

Assistira à prisão e soubera da tortura de familiares e amigos que, mesmo não tendo sido mortos, penaram longos anos em prisões infectas, em situação desumana, pelo simples fato de não aderirem às práticas e rituais externos impostos pela Igreja. Os bens materiais de todos foram confiscados por sacerdotes inescrupulosos, que se locupletaram dos lares dos órfãos e viúvas.

Não havia a quem reclamar, visto que os chefes da poderosa Igreja, quando não incentivavam, faziam vistas grossas para os desmandos de uma minoria que apagava a luz que o Cristo acendeu com tanto sacrifício.

Jeremias sentia-se pressionado por uma força interior que insistia para que abandonasse aquela região enquanto era tempo. O jovem senhor não entendia o porquê daquele insistente apelo dentro de si, mas resolveu seguir suas intuições e partiu.

Sabemos que um conluio se fazia no mundo espiritual, congregando espíritos inimigos para anular qualquer boa ação que Jeremias, um espírito correto, pudesse no futuro realizar. Se tivesse permanecido lá, seu destino e o dos familiares próximos seria a fogueira. A esposa, sim, seria poupada, porque um asqueroso inquisidor a olhava com olhos de cobiça. Trama terrível que espíritos amigos puderam impedir, visto que a sintonia era boa entre si.

Os bons espíritos estão sob o comando de Entidades Superiores que se ligam, hierarquicamente, ao Cristo. Como já dissemos, o Mestre defende seus discípulos de dores desnecessárias à evolução e ao resgate de dívidas. A intuição, o convite para atitudes conciliatórias e de bom senso, a escolha do melhor caminho, da melhor referência a ser seguida, são formas que os guias e protetores encontram de auxiliar e evitar maiores provações. Quando são seguidas, tudo acaba bem, o que não acontece com pessoas distraídas, envolvidas demasiadamente nos assuntos mundanos, que não conseguem ouvir a voz gentil e suave a lhes alertar a consciência.

Muitos sofreram porque possuíam um saldo devedor com a consciência intranqüila; outros foram arrogantes, não souberam andar a segunda milha que Jesus recomendou, nem entregaram a capa, quando lhes solicitaram a túnica. Outro grupo apegou-se demasiadamente aos bens que teriam que abandonar às pressas e se tornou prisioneiro da própria avareza. Nada justifica o escandaloso martírio a que foram submetidos milhares de filhos de Deus, em nome de uma religiosidade falsa, mesquinha, que maculou o nome de Jesus e, até os dias de hoje, coloca inúmeras almas contra os ensinamentos cristãos.

Jeremias trazia no inconsciente um amor verdadeiro ao Cristianismo que ele experienciara na condição de Tibério, depois como frei Reginaldo e, na seqüência de várias encarnações, burilou e aperfeiçoou algumas arestas do temperamento. Adormecida, em seu íntimo, estava a coragem valorosa do romano Tibério que, se não permanecesse sob controle, poderia conduzi-lo a uma atitude infeliz de prepotência e arrogância diante dos inquisidores cruéis.

Esse foi o motivo principal que levou os protetores a afastá-lo do continente europeu, livrando-o de uma situação em que poderia desvirtuar seus bons sentimentos. Na nova terra a família se colocou em zona rural, dentro de uma pequena propriedade. Os conhecimentos que tinha e o pouco dinheiro que trouxera consigo foram significativos em um continente inóspito, empobrecido, do qual as grandes metrópoles só se lembravam para a extração de alguma preciosidade.

Tudo o mais era abandono e ficava por conta da criatividade do proprietário que, aos poucos, foi moldando o lugar nos padrões de sua antiga vivenda nas terras da Bretanha. Evidente que ele não possuía tais recordações no consciente; elas afloravam toda a vez que ele parava para refletir, antes de tomar uma importante decisão.

O solo era fértil e as chuvas regulares. Construiu uma casa avarandada, colocou na frente um jardim com belíssimas flores e, mais ao fundo, um pomar rico em frutas tropicais. Havia uma grande riqueza em árvores e arbustos nativos, uma parcela foi derrubada cedendo lugar à plantação. Muito ficou preservado, senão por filosofia de vida, talvez por falta da tecnologia adequada que dificultava maior derrubada da mata para extração de madeira.

De qualquer ângulo em que se colocasse, podia-se notar o esmero que Jeremias, em conjunto com outros imigrantes, dedicara ao recanto em que morariam tranqüilos, felizes e organizados dentro de novos padrões sociais. Aos poucos a ansiedade e pressão psíquica desapareceram. No local não havia igreja que recordasse o sufoco que sofreram em outros tempos.

※

Ricardo, o filho caçula de Jeremias, atingiu a adolescência e revelou sinais visíveis de mediunidade, situação difícil de ser compreendida pelo pai. O adolescente referia-se a sonhos premonitórios que depois se realizavam. Ouvia vozes que recomendavam que se erguesse uma capela onde pudessem ler o Evangelho e fazer algumas preces, reunidos, pelo menos aos domingos.

A primeira reação de Jeremias foi de espanto diante da novidade; em seguida, acalmou-se e procurou, dentro de si, uma resposta. Ao lado da esposa, no leito, confidenciou:

— Tenho medo, Amélia, que se dê início aqui a um culto religioso que, embora dentro dos princípios cristãos, seja considerado uma heresia por algum bispo ou representante da Igreja que possa nos visitar. O fantasma da Inquisição ainda ronda o meu espírito. Preferia não me envolver com assuntos de religião.

— Compreendo seus temores, Jeremias, e sugiro que deixemos o tempo nos dar melhor resposta. Pode ser uma coisa passageira e, dentro de alguns meses, Ricardo poderá ter-se esquecido dessa idéia – respondeu a esposa, dentro do bom senso que se espera de uma equilibrada mulher.

Os dias transcorreram com muito trabalho no lar de nosso personagem e, em uma noite de inverno, quando todos se aconchegaram ao redor de uma fogueira que iluminava a varanda do casarão, Ricardo começou a falar com uma voz estranha, fazendo referência a um compromisso assumido pelos membros da família, antes do nascimento.

A idéia de vidas anteriores não causou maior estranheza, mas falar em compromisso era outra coisa. Jeremias, quase que por instinto, interpelou o filho, sem perceber que ele estava mediunizado e falava em nome de outra Entidade.

— Que bobagem é esta que está falando, Ricardo? Onde já se ouviu falar em compromisso assumido antes de nascer?

— Compromisso, sim, Jeremias, meu filho. Não é mais Ricardo que está falando, mas um parente e amigo seu do passado, que comparece na hora certa para falar da edificação de um templo cristão nesta distante e abençoada terra. Você me conheceu como Romualdo e convivemos, amistosamente, na condição de avô e um neto muito querido. Naquela época você freqüentou um monastério e adquiriu conhecimentos mais profundos da religião cristã. Por que não colocá-los em prática nesta nova terra, livre de preconceitos, mas tão carente da palavra de Deus?

— Eu não entendo o que está acontecendo. Alguém pode me explicar, pelo amor de Deus? – interrompeu o aflito Jeremias, que em companhia de toda a família e grupo de amigos participava de inusitada reunião mediúnica.

— Explico, sim, meu amigo. Somos uma família muito unida, estivemos juntos em vidas que se sucederam em território europeu, ao longo de séculos, ocupando posições diferentes dentro do clã doméstico. Já fomos pai e filho, já convivemos como irmãos. Por ora basta que nos reconheçamos como amigos.

— Como se fez possível esta comunicação? – inquiriu o aturdido chefe de família.

— Por um processo muito simples para nós, embora ainda desconhecido para vocês. A voz é de Ricardo, o pensamento, porém, é nosso. Acompanhamos as dificuldades que enfrentaram na Europa. Lembra-se daquela voz que insistiu em seu íntimo para que se afastasse do território contaminado pela peste inquisitorial? Tudo fizemos em favor deste momento, das realizações que deverão existir daqui para a frente. Sugerimos uma simples capela, sem os artifícios e ornamentos das grandes catedrais; uma pequena tribuna para a leitura do Evangelho e as preces costumeiras que devem fazer os bons cristãos. Em breve tempo o ambiente estará repleto de almas fervorosas em busca de comunhão com o Alto!

Jeremias estremeceu com a referência feita às vozes que ouviu e que a ninguém confidenciou, com o receio de ser considerado um demente ou possesso. Convenceu-se de que estava conversando com um seu antepassado, por intermédio do filho Ricardo, uma forma inusitada de comunicação que ele não podia explicar, tampouco negar.

Haveria de pensar na proposta e foi o que respondeu ao seu interlocutor quando a entrevista se desfez. Ficou a convicção de que sempre existiriam outros encontros entre a família e os antepassados.

Abrimos um parêntese nesta narrativa para ponderar sobre os compromissos que assumimos por época da reencarnação, quando estamos ansiosos para retomar um corpo de carne e iniciar uma nova experiência no mundo físico. Muitos sonhos nos animam, muitos objetivos temos em mente, de cunho material, intelectual e mesmo espiritual, quando estamos às portas do mundo terreno. Tudo parece de fácil consecução. O ânimo é tanto que juramos não nos deixar abater sob o guante das dificuldades.

O que muda depois? Por que temos tanta dificuldade em cumprir o planejado que só visa ao nosso bem? Responderíamos que infinitos motivos, sendo talvez o mais importante o esquecimento de nossas promessas. Se pudéssemos retroceder no tempo e nos recordar de quanto prometemos, veríamos como temos sido infiéis aos nossos objetivos existenciais. É verdade que o mundo nos envolve com suas seduções, mas no íntimo do ser humano há sempre uma voz muito débil lembrando-o de seus acordos. Quando esse mesmo ser não se deixa arrastar pelos impulsos fortes dos instintos e das paixões que o cegam e o deixam surdo e desorientado, podemos dizer que ele ouve a voz de Deus no fundo da consciência.

É nesse ponto que vemos a importância de uma religião, que pode religar o homem aos seus objetivos essenciais. Discutir: de onde viemos, por que existimos e para onde iremos após esta tão curta e rápida existência, é função da prática religiosa, em qualquer modalidade e sob qualquer denominação.

Reportar-nos-emos sempre aos princípios cristãos exarados no Espiritismo, mas não menosprezamos nenhum conceito religioso que possa esclarecer o ser humano, orientá-lo para o bem-estar pessoal e social. Cada um pode filiar-se a essa ou àquela instituição religiosa que corresponda ao que pensa e espera da vida. O que não pode é ficar como um barco à deriva, sem rumo certo, navegando em um mar tempestuoso ao qual se compara a existência terrena, tão mais tempestuoso quanto maiores forem as dívidas dos reencarnados e as obrigações assumidas, voluntária ou forçosamente.

Deus, nosso Pai, não é um cobrador exigente, não contabiliza débitos, mas amplia a possibilidade de crescimento dos filhos, dando oportunidades diferenciadas a cada um deles de exercitar as faculdades para adquirir o que lhes falta de qualidade. Aquele que providenciou vida e alimento para os pássaros e lírios do campo não regatearia seus preciosos dons ao espírito humano, desde que esse aceite sua parcela de responsabilidade no processo de evolução.

As melhores referências para uma existência proveitosa estão no Evangelho de Jesus, cuja essência já despontava, em germe, nas escrituras de outras religiões. O Mestre mais perfeito e completo encarnou em Belém há dois milênios. Sua voz expandiu-se para todos os recantos do globo, no mundo físico e espiritual. Quem O ouvir não permanecerá sem rumo, quem se deixar iluminar por Ele jamais conhecerá a escuridão.

Feita essa reflexão, voltemos à história de Jeremias, muito impressionado com a ocorrência mediúnica. Quem teria sido Romualdo? – questionou interiormente. Em seguida, concluiu que de nada valeria lembrar-se de um passado obscuro, que não teria maior significado naquela ocasião. Aceitou que fosse um espírito amigo e deu-se por satisfeito. No decorrer dos dias, começou a elaborar um projeto de construção da capela.

Escolheu o local, cuja preferência recaiu em terreno plano, a meio caminho entre o casarão e o bosque, de fácil acesso para as pessoas da fazenda e outras que poderiam vir de fora, conforme previra o ancestral.

Em poucos meses, estava pronta uma igrejinha, construída com carinho e capricho, simples na aparência e aconchegante na essência. Pensou-se em uma santa padroeira que a abençoasse e a escolha recaiu sobre Nossa Senhora de Guadalupe.

No dia da inauguração, cantaram um hino a Maria Santíssima, entronizaram a imagem no altar-mor e Jeremias leu, emocionado, uma página do Evangelho. Ao fundo, um grande crucifixo parecia abençoar todos os integrantes da família espiritual. Em bancos rústicos, sentaram-se os visitantes e se comoveram com a preleção que Jeremias improvisou, sem desconfiar que estivesse transmitindo um recado de Romualdo:

"Amigos, estamos reunidos em nome de Jesus e de sua mãe Maria Santíssima, que veneramos sob o nome de Senhora de Guadalupe. Não estamos inaugurando uma nova crença, pois todos os que aqui estão sabem que somos cristãos. Esta capela será para nós um refúgio na hora da prece e de quando precisarmos de um pouco de solidão, para refletir e tomar decisões. As portas ficarão parcialmente abertas. Aos domingos nos reuniremos para o culto cristão e conversas edificantes. As crianças receberão noções religiosas. Viveremos sem um pároco, mas não ficaremos sem a assistência divina. Jesus prometeu que, onde dois ou mais indivíduos se reunissem em seu nome, Ele se faria presente em seu meio. Nós contamos com isso, esperamos que Ele nos abençoe hoje e sempre, coroando de alegria e esperança nossa permanência neste novo mundo que escolhemos para berço de nossos filhos e netos."

A emoção embargou a voz de Jeremias que se afastou da tribuna sob o aplauso dos presentes. A manhã terminou em festa. Na varanda da casa grande, foi servido um farto almoço, completando a felicidade de todos. Amigos espirituais se faziam presentes, reforçando os bons sentimentos que se instalaram entre todos os integrantes do grupo, aumentado com um bom número de amigos que acorreram ao sítio quando souberam da inauguração da capela.

Jeremias, desde que foi convocado ao novo projeto, remexeu em seus objetos guardados com muito carinho e retirou do baú um volume da Bíblia sagrada, lembrança da terra natal, que levaria à tribuna todas as vezes que se reunissem para o culto cristão. A imagem da Virgem de Guadalupe estava entre os seus pertences e passou a ser, para todos eles, um símbolo da fé que professavam, porque a imagem da Mãe os lembraria do respeito e veneração devidos ao Filho.

No decorrer dos séculos, os cristãos dos primeiros tempos tiveram por Maria, a mãe de Jesus, um respeito imenso, por compreenderem sua participação no projeto divino de regeneração do Planeta. A mulher que abrigou no seio um Espírito de tão grande envergadura teria que ser também uma alma muito bem preparada, de elevada estirpe espiritual, condição que o Espiritismo veio elucidar com muita clareza e felicidade.

Um Ser tão nobre quanto o Mestre precisava de um ninho materno purificado, de um colo casto e carinhoso, sem questionar inutilmente o problema de uma virgindade física, dispensável para a grandeza do projeto. A beleza de Maria estava no esplendor de sua alma, nas qualidades íntimas somente perceptíveis ao olhar divino. Ela ainda constitui para nós, mortais, um exemplo de grandeza espiritual, de elevação que devemos imitar. Seguindo-a, alcançaremos o Filho; na seqüência, o Filho nos revelará o Pai.

Passaram-se meses, sem que nenhuma novidade alterasse a vida dos moradores. Em dado momento, Jeremias foi procurado por um colono aflito que lhe falou do iminente aborto que poderia ocorrer com sua esposa, grávida de quatro meses. Vítima de uma queda no quintal, apresentava-se com uma hemorragia preocupante. Médico e hospital estavam descartados em razão da distância e da impossibilidade de transportar uma senhora em situação delicada em desconfortável carro de boi. Se fosse o momento de dar à luz, haveria uma boa parteira na redondeza, mas nesse caso...

Sem atinar com outra alternativa, Jeremias optou por visitar a enferma na companhia do filho Ricardo e fazer uma oração que aliviasse a angústia do pai e o desespero da mãe. Algumas ervas já foram transformadas em chás, que as amigas solidárias ofereciam para a senhora grávida, no intuito de acalmá-la.

Ao entrar no quarto, abriu-se a visão especial de Ricardo e o jovem percebeu a presença de seres espirituais que tratavam a mulher de dentro para fora, isto é, do perispírito para o corpo físico, acomodando o feto na região uterina que era balsamizada por um fluido etéreo. Romualdo, espírito, fez sinal ao jovem para que se aproximasse e colocasse as mãos sobre o ventre de Rosália, a senhora que era tratada, sem, contudo, tocá-la fisicamente. Solicitou que os presentes fizessem uma prece, enquanto o tratamento espiritual acontecia de forma firme e segura, acalmando o espírito ansioso da mãe e o do feto que reagia ante o sinal de perigo.

Ricardo viu, maravilhado, o pequeno ser incrustado no vaso uterino, minúsculo, porém inteiro e vivo, que se movimentava denotando sinal de sofrimento e de medo. Ao receber as energias que vinham do mundo espiritual e eram associadas ao magnetismo de Ricardo e dos presentes, que não tinham consciência de participar de um processo terapêutico, o feto foi se tranqüilizando, relaxou os membros e adormeceu. A mulher acalmou-se e a hemorragia começou a ceder, saindo da fase crítica. Para o sucesso completo, bastariam alguns dias de repouso.

Esse foi o primeiro de uma série de eventos felizes de cura que aconteceram naquele reduto cristão. Ricardo passou a ser solicitado para impor as mãos sobre as pessoas que se queixavam de enxaquecas, dores localizadas e até mesmo sintomas psíquicos adversos.

Jeremias o acompanhava como um bom guardião, em consideração à pouca idade do garoto. Era sempre útil, porque de forma inconsciente se transformara em um instrumento afinado com a Espiritualidade. O filho possuía dotes psíquicos facilmente detectáveis, como vidência e audiência dos espíritos; o pai era possuidor de maturidade espiritual e fornecia ao rapaz uma sustentação indispensável na hora do transe mediúnico.

Evidentemente não se falava em mediunidade. As curas sempre foram atribuídas à Senhora de Guadalupe, razão por que eram aceitas com simpatia por todos os moradores da redondeza.

O Cristianismo sempre foi muito rico em expressões de mediunidade. Antônio de Pádua, Teresa D'Ávila e outros santos, em diferentes épocas e lugares, possuíam dons psíquicos que hoje conhecemos como mediunidade, isto é, a possibilidade de perceber e entrar em contato com dimensões espirituais. Não é milagre, isso faz parte da evolução do ser humano, no tríplice aspecto: físico, psíquico e espiritual.

A doação de fluidos por parte dos encarnados também não é fato miraculoso. Todos temos condição de fazer essa oferta quando queremos auxiliar o próximo, quando nos deixamos envolver por uma onda de afeto e de carinho por qualquer pessoa, independentemente de estar ela adoentada ou não. Uma mãe, por exemplo, quando beija e abraça um filho, energiza o seu corpo com o magnetismo materno, podendo até curá-lo, se estiver doente. Um casal apaixonado permuta, constantemente, fluidos pessoais em direção ao outro, fazendo a realimentação do amor. Quando pensamos bem de um amigo, mesmo a distância, podemos envolvê-lo em um clima de saúde, energia, alegria e otimismo.

Os fluidos estão à nossa disposição, no fluido cósmico que circunda nosso planeta, de onde retiramos o necessário para nossa sobrevivência e para doar ao próximo, em trabalhos de assistência espiritual. Estudar e conhecer os fluidos são condições essenciais para saber manipulá-los e aplicá-los de forma correta. Ter amor no coração é fundamental para utilizarmos dessa usina geradora de energia que o Pai eterno colocou à disposição dos filhos. Somente o amor é capaz de movimentar essa riqueza fluídica. Pensamentos e sentimentos negativos são pesados demais e não atingem a região onde se aglutinam e se condensam essas preciosidades.

Jeremias não tinha noção muito clara do que acontecia ao filho. Recomendou a ele, por prudência, que não falasse de suas visões e vozes, deixando ao imaginário popular acreditar no que lhe conviesse. Na intimidade do lar, em momentos de pura reflexão, Romualdo transmitia informações que eram repassadas por Ricardo. O importante a ser considerado era o bem a praticar, o estímulo à prática das virtudes cristãs para que o grupo evoluísse como um todo, visto que quase todos os membros eram companheiros do passado que retornaram ao plano físico no mesmo local e período.

Em outra circunstância, o grupo se viu às voltas com a perseguição implacável que um colono exerce sobre uma jovem da família. Estela, garota de 15 anos, viu-se assediada com insistência por Jerônimo, que não aceitava um não como resposta. De caráter possessivo e arrogante, ele se julgava o melhor partido da redondeza e, sem escrúpulos, arquitetava um plano para seduzir e violentar a adolescente. Se não fosse por bem, haveria de ser por mal... Pressentindo o perigo, o pai da jovem apelou para o bom senso de Jeremias que, por meio da mediunidade de Ricardo, recebeu a solução para o problema:

— Pai, Romualdo está nos esclarecendo que se trata de um vínculo cármico do passado de Estela. Ela já foi companheira de Jerônimo e afastou-se dele por causa de seu caráter violento.

— Pelo visto ele continua o mesmo, filho – comentou Jeremias, lamentando que aquela situação tivesse continuidade no tempo e no espaço.

— Nem sempre as pessoas mudam, nem sempre aprendem a lição da primeira vez, está esclarecendo Romualdo.

— O que poderemos fazer para auxiliar, filho?

— Eis a orientação de Romualdo: "que façam os amigos, os pais e a jovem uma novena de orações à Virgem, pedindo socorro e proteção contra os arroubos afetivos de Jerônimo. Enquanto eles se predispõem espiritualmente para receber o auxílio, nós, espíritos, vamos tomar providências no sentido de mudar o rumo do interesse desse rapaz que não foi colocado no destino de Estela nesta vida. Ela encontrará outro pretendente, a quem se consorciará formando uma família feliz. É só dar tempo ao tempo".

A ação da Espiritualidade tinha de ser discreta. Os acertos que se sucederiam tinham de ser atribuídos à intercessão de Nossa Senhora para que fossem aceitáveis. Como Maria também é um espírito e comanda uma falange enorme de colaboradores, nada há de incorreto ou que fira a ética nesse raciocínio.

A situação começou a melhorar quando apareceu no povoado vizinho uma jovem recém-chegada da Europa, morena sorridente que despertou o interesse de Jerônimo. No princípio, ele pretendeu uma conquista fácil, uma namorada para passar o tempo, mas acabou preso na teia do próprio egoísmo. A jovem era experiente e sabia que se facilitasse as coisas para o afoito rapaz acabaria por perdê-lo, afastando também a chance de um bom casamento.

Instruída pelos pais, a quem obedecia cegamente, Irene, o novo interesse de Jerônimo, envolveu-o com sutileza, demonstrou seus dotes de donzela fogosa, mas não se entregou por inteiro, despertando cada vez mais o interesse do rapaz.

Em pouco tempo, ele se esqueceu de Estela e só tinha olhos para o novo amor. Estava rompido o interesse doentio que prejudicaria em muito a vida de Estela, jovem cristã de bons sentimentos, predestinada a formar um lindo par romântico com Ricardo, quando esse amadurecesse de fato e pudesse assumir um relacionamento estável.

Mais uma vez o nome da Virgem foi abençoado e em agradecimento foram proferidas orações sinceras, acompanhadas do propósito de terem uma vivência cristã. Os pais de Irene foram rápidos na exigência de um casamento e Jerônimo saiu definitivamente do caminho de Estela.

Enquanto durasse o fogo passageiro da paixão que prendia Jerônimo a Irene, a prometida de Ricardo estaria livre do assédio indesejável, que deixa uma jovem sem ação quando acontece. O medo que provoca uma perseguição, seja por motivo de raiva ou de afeto, desequilibra a pessoa perseguida, que deseja simplesmente fugir, livrar-se do perseguidor a qualquer custo. Algumas chegam ao extremo do suicídio, para não cair nas mãos de uma pessoa desequilibrada e agressiva.

É preciso que se compreenda que o amor não é sentimento que se imponha, tem que ser espontâneo para felicitar ambos os corações. Podemos ponderar que o verdadeiro amor é brando e suave, tudo o que foge disso é mera paixão, sentimento de posse exacerbado.

▶▶▶

5
A Volta de Romualdo

O casamento dos jovens Ricardo e Estela foi um momento de grande felicidade experimentado pelo casal, principalmente, e por todo o grupo familiar e amigo.

Pela primeira vez um sacerdote compareceu à fazenda e tomou conhecimento da capela dedicada à Virgem de Guadalupe. A cerimônia religiosa era imprescindível em uma região onde prevaleciam os valores da religião católica.

Se a união não fosse validada pelo representante da Igreja, não teria efeitos legais. Somente essa idéia dava certo conforto a Jeremias, tão desencantado com as expressões religiosas. À esposa ele confidenciava:

— Amélia, se não fosse por um motivo nobre, o pároco jamais tomaria conhecimento de nossa capelinha!

— O que não se faz pelos filhos, Jeremias! A família de Estela também há de querer uma cerimônia religiosa.

— Certo, certo – concordava de forma enfadonha o chefe de família, que não se considerava mais um católico praticante, mas não podia fazer qualquer referência a isso.

Os noivos estavam bonitos no dia do casamento, vestidos a rigor para a festiva ocasião. Uma casa pequena foi construída na proximidade da casa grande e todos permaneceriam unidos pelos laços do afeto e respeito recíproco.

Estela era quase uma criança, nos seus 18 anos de idade. Ricardo havia completado 22 e juntos viveriam uma linda história de amor, com os altos e baixos que existem em todos os relacionamentos, mas vencendo tudo com a força de um sentimento verdadeiro que não se confundiria com paixão passageira.

Uma dificuldade, entretanto, estava preste a acontecer, quando Jerônimo, o antigo pretendente, desiludido com o seu relacionamento intempestivo, voltou a olhar para Estela com interesse. A Espiritualidade novamente esteve atenta e, dessa vez, foi uma doença que abrandou o temperamento agressivo do rapaz.

Jerônimo ficou acamado por vários meses e, quando se colocou de pé, observou o ventre volumoso de Estela que esperava o seu primeiro filho. O desencanto foi muito grande e ele, decepcionado, mudou-se com a esposa para outra propriedade. Esse episódio estaria encerrado.

Ricardo, ao final da tarde, tomava a esposa pela mão e saíam a passear pelo campo, observando um pássaro aqui, uma flor ali, absortos diante da felicidade e da alegria pelo filho que estava chegando.

Há algum tempo ele não percebia a presença de Romualdo nos seus transes mediúnicos e se questionava onde estaria o amigo de todos, naquele momento. É evidente que outros espíritos compareciam para colocar em andamento o projeto de ajuda aos moradores das cercanias, mas o afastamento de Romualdo o intrigava de algum modo. Certa feita falou ao pai sobre a questão:

— Pai, o senhor não acha estranho que Romualdo nos tenha deixado? O que teria acontecido com ele?

— Como podemos saber, meu filho, se não perguntarmos por ele? Você é a pessoa mais indicada para fazer a pergunta, não acha?

— Farei isso, pai, quando sentir que a ocasião é oportuna. Não gosto muito de me impor aos espíritos. Não considero justo...

— Concordo. Não devemos perguntar demais. Eles talvez não possam nos responder a todas as questões. Acredito que existam normas a seguir no outro mundo e nem tudo pode ser revelado.

Jeremias intuía uma verdade que os encarnados, nos dias de hoje, insistem em negligenciar. Se tudo pode ser perguntado aos espíritos, nem tudo eles estão aptos a responder.

Com certeza os menos preparados adorarão fornecer informações, dentro de suas possibilidades de percepção, muitas vezes deficientes e incorretas. Assim acontecem as revelações feitas a pessoas que comercializam as informações da Espiritualidade, em proveito próprio, sem se preocupar com o mal que podem praticar contra as pessoas ingênuas, que acreditam em todos os espíritos, desconhecendo que o simples fato de estar fora do corpo não lhes concede sabedoria. Às vezes, sabem menos do que os encarnados.

A divulgação dos postulados espíritas é de suma importância nos dias atuais, quando as pessoas estão propensas a acreditar no intercâmbio espiritual. É preciso que elas saibam das possibilidades e impossibilidades dessa comunicação, para que não esperem além da conta, pois que existem limitações de nossa parte também. Se tudo pretendêssemos explicar, ainda incorreríamos nas dificuldades de expressão, de comparação. Resumindo, nem sempre lograríamos nos fazer entender.

"Meus sonhos", dizia Ricardo, "nem sempre são claros, às vezes me deixam confuso". "Minhas visões", desabafava ele, "nem sempre são nítidas. Prefiro confiar mesmo nas intuições, nos recados que às vezes chego a escutar"... Se o filho de Jeremias, espírito preparado de antemão, sentia essas dificuldades, quanto mais não haverão de sentir as pessoas que se prevalecem da mediunidade para alcançar objetivos mesquinhos, que muitas vezes prejudicam outros irmãos encarnados?!

▼

O tempo passa rápido quando estamos felizes e transcorre lenta e penosamente quando passamos por situações de ansiedade e tristeza. Não é o fator tempo que altera a sua forma de atuar, mas a percepção que temos dele. No fundo, somos sempre nós, seres que pensamos e sentimos, que damos uma tonalidade às coisas que nos cercam. Se estivermos felizes, tudo é maravilhoso! Se tivermos uma preocupação, as coisas ficam cinzentas e apagadas!

Para Ricardo e Estela, os dias pareciam voar, aumentando o encantamento do casal em lua-de-mel. Quando se preocupavam com a chegada do bebê, tinham a sensação de que a hora do nascimento nunca chegaria, porque a ansiedade mudava a percepção dos pais.

Junto do casal, próximo ao coração de Estela, um ser semiconsciente projetava sua energia na formação de novo corpo, providenciando saúde e perfeição aos órgãos. O magnetismo saudável e forte da mãe colaborava com essa providência.

O filho que estava preste a chegar ao mundo era um espírito do bem, que voltava ao seio da família terrena para ampliar as possibilidades espirituais e progredir sempre, pois é assim que a lei do progresso se cumpre: nascimento, evolução, desencarnação, retorno ao mundo espiritual e outros renascimentos, tantos quanto se fizerem necessários.

Romualdo, o ancestral querido de todos, estava de volta e seria acolhido no seio da família onde, no transcorrer dos séculos, desempenhara inúmeros papéis: pai, filho, avô, bisneto...

Ricardo nunca soube, por meio da mediunidade consciente, quem de fato ele receberia no lar para amar, educar, fazer crescer e tornar-se um homem de bem. Não é conveniente que se saiba o histórico pessoal do espírito que bate à porta da reencarnação, para que não se desvirtue o relacionamento.

Se Ricardo soubesse que o filho já esteve na família na condição de um bisavô, a situação ficaria complicada na hora de uma advertência, por exemplo. Como os papéis estão constantemente se invertendo, não há por que se ter essa preocupação. No momento, a obrigação dos pais seria de educar o filho e corrigir qualquer comportamento destoante.

Esse raciocínio é fácil de ser entendido pelas pessoas que conhecem algo do Espiritismo. Pode parecer mais complicado para as que desconhecem esses princípios, mas, quando entendem o mecanismo, todas exaltam a sabedoria do Criador em elaborar fórmula tão perfeita para a evolução da humanidade.

As leis de Deus são todas perfeitas e imutáveis. Quando o ser evolui começa a levantar o véu que esconde certas realidades, na medida do necessário, nunca por mera especulação. Podemos supor o tipo de vivência anterior de um encarnado pelas facilidades e dificuldades que demonstra em certas situações da vida, sem precisarmos de uma revelação espiritual que confirme.

Ricardo obteve dos espíritos a confirmação de que Romualdo partira para outros afazeres, ficando impossibilitado de se comunicar. Transmitiu ao pai essa informação, e todos aquietaram as indagações quando o primeiro neto de Jeremias chegou. O contentamento que invadiu os corações era indício do retorno de um ser muito querido. Na pia batismal, ele recebeu o nome de Romualdo, em homenagem ao antepassado.

O pequeno Romualdo, desde cedo, atraiu a atenção da família pela peculiaridade do caráter: era criança dócil e inteligente, sagaz e decidida.

Na escola, demonstrou um grau de liderança que deixou a professora entusiasmada com o novo aluno. Ele comandava as brincadeiras e, da mesma forma, exigia que os coleguinhas prestassem atenção nas explicações dos conteúdos.

Aos domingos, sentado no banco da sua capela, estudava o catecismo em companhia de outras crianças, sempre com a mente mais aguçada, questionando aquilo que lhe parecesse um tanto ilógico, como a existência de uma trindade divina. À professora encarregada da formação religiosa da turma ele indagava com seriedade:

— Como podem existir três pessoas que se dizem um só Deus, dona Cecília? Afinal, são três deuses?
— Não, Romualdo, isto é um mistério...
— E o que é um mistério?
— É uma coisa que não entendemos.
— Por que não entendemos? Deus não quer que a gente entenda?
— Chega, Romualdo, de tanta pergunta. Devemos acreditar no mistério da Santíssima Trindade porque assim a Igreja nos ensina.
— Ah! A Igreja. Sempre a Igreja – resmungou o menino. — E quem ensinou isso para a Igreja?

Dona Cecília virou as costas e fez de conta que não ouviu a pergunta impertinente do garoto. Quem era ele para questionar a ordem estabelecida no seio da religião? Será que o pároco da igreja do povoado não poderia ajudá-la na orientação dessa criança que fazia críticas inteligentes, ao mesmo tempo em que colocava idéias perturbadoras na cabeça dos companheiros?

Os amigos espirituais de Romualdo mantiveram uma conversa com ele durante o sono e aconselharam-no a ser menos questionador, a guardar para si as observações, até que atingisse a maturidade que o protegesse de algum malefício que viesse dos representantes da Igreja.

A inquisição espanhola deixara seqüelas que estavam ainda visíveis na alma dos refugiados europeus em terras americanas. Se os seus tentáculos não se estenderam ao novo continente, não foi por falta de desejo, mas de oportunidade. Por ser um território distante, separado por um vasto oceano, quando os meios de transporte eram precários e lentos, a Igreja desejou, mas não foi capaz de impor um domínio mais agressivo, que obrigasse os nativos e novos habitantes a rezar pela cartilha da obediência cega e irracional.

Havia sempre uma brecha, uma porta aberta para a liberdade de pensamento, porém os imigrantes agiam com bom senso e faziam de conta que eram fiéis às recomendações da Igreja, não transgredindo as normas que fossem razoáveis.

Não afirmaríamos que todos os sacerdotes fossem impiedosos. Havia missionários amorosos que chegaram ao novo mundo movidos por um idealismo sincero, verdadeiro sentimento apostólico de pregar o Evangelho a todos os povos, como sugeriu Jesus. A educação primária esteve sob a responsabilidade desses religiosos até o momento em que o poder público pudesse se responsabilizar por ela. O bem sempre se fez, mesmo que de forma indireta...

Na nova terra foi feita a sementeira do trigo ao lado da erva daninha. Não havia como separá-los. Cresceriam juntos e somente pelos frutos seriam distinguidos um dia. Talvez por isso a prática religiosa tenha se tornado superficial, distanciada da verdadeira crença.

Quando uma pessoa pensa de maneira que não pode expressar no comportamento, vai se tornando estranha a si mesma, deixa de se preocupar em ser fiel aos pensamentos e se comporta de forma a não ser questionada pela autoridade. Surgem a falsidade e o não-comprometimento com a fé. São os fiéis somente de aparência, aqueles que não praticam a religião que dizem professar.

Se há um território indevassável a qualquer adversário, é o da mente humana que não se curva diante da agressividade. Pessoas foram martirizadas sem que se curvassem aos argumentos dos torturadores. Outras optaram por abjurar às idéias consideradas revolucionárias, mas no íntimo continuaram a ser fiéis a si mesmas, preservando a vida e os pontos de vista.

A humanidade tem caminhado, nesses milênios que a separam do primitivismo, entre períodos de luz e sombra, dependendo da leva de espíritos que estejam reencarnados. Todos precisam evoluir e alternam períodos de vivência no mundo físico com períodos mais longos na erraticidade (mundo espiritual), onde avaliam as atitudes e fazem novas propostas de aprendizado.

Já nos reportamos aos espíritos rebeldes, avessos ao progresso, que tudo fazem para permanecer no mesmo estágio de degradação moral e espiritual, porque não atinaram com a beleza do progresso destinado aos filhos de Deus. Esses têm dado oportunidade de trabalho incessante ao plano espiritual consciente, que não abre mão de sua conversão aos ditames evangélicos. Se a regeneração não atingir a todos, no primeiro momento, que contemple uma maioria, é o que se espera.

Romualdo, orientado pelos amigos invisíveis, perdeu o gosto pela discussão e resolveu absorver somente os conceitos que pudesse entender. Não questionou mais a professora e perdeu o brilho na sala de aula.

A professora Cecília percebeu a situação e lamentou a nova postura do aluno, que não se interessava mais em participar dos debates. Quieto, em seu lugar, ele ficava pensativo sobre tudo o que ouvia em relação a Deus e à criação do mundo, mas não questionava para não perturbar a aula.

Quando ela se referiu à criação do homem segundo a Bíblia, que Deus teria feito do limo da terra e retirado a mulher de uma costela, o garoto esperto concluiu que aquilo só poderia ser uma alegoria, um faz-de-conta em seu pensamento infantil. Em casa, comentou com a mãe:

— É possível, mãe, que Deus não tivesse outra forma de criar os homens, senão formando o seu corpo do limo da terra?

— Não sei, meu filho – respondeu Estela um tanto confusa. Entendo que Deus tudo pode, então Ele faria do jeito que achasse melhor. Você tem alguma idéia a respeito?

— Vou pensar nisso, mamãe. Quem sabe me vem uma boa explicação!

— De qualquer forma, Romualdo, não comente suas idéias com ninguém. Guarde-as só para você ou converse com sua família somente. Temos receio de que você seja mal interpretado.

Estela não teria respostas para as indagações do filho porque lhe faltava o conhecimento das leis naturais, que séculos mais tarde chegariam com o advento do Espiritismo. A revelação de Deus aos homens foi feita de forma gradual, de modo a não lhe perturbar o raciocínio com luz excessiva. Sobe-se uma escada degrau por degrau, sem saltos que colocariam em risco o equilíbrio da mente humana.

Alguns espíritos encarnados conhecem um pouco mais, por experiências adquiridas no mundo espiritual, mas suas lembranças ficam eclipsadas pelo ato reencarnatório. Romualdo sentia dentro de si alguns lampejos que o tornavam questionador, mas não seria prudente da parte de Estela incentivar o garoto nas suas contestações. Seria improdutivo e poderia trazer sofrimento, para ele e para a família.

▶▶▶

6

Jeremias Retorna ao Mundo Espiritual

No início da adolescência, Romualdo viveu, junto com a família, a tristeza da desencarnação de Jeremias. Em seu leito de morte, o valoroso chefe de família reviveu cenas de seu passado como espírito, cenas que ficaram gravadas no arquivo perispiritual e foram liberadas, com suavidade, momentos antes da hora final.

As primeiras lembranças que vieram diziam respeito ao seu tempo de criança em território europeu; recordações que foram boas, no princípio, mas depois se tornaram amargas por causa das perseguições sem sentido por que passou juntamente com a família.

A seguir, viu-se como simples frade em uma terra boa e hospitaleira, ao lado de familiares queridos, dentre os quais ele reconhecia alguns que conviviam harmoniosamente ao seu lado. Foi feliz, realizava curas, ajudava o próximo, não tinha problemas com a Igreja. Sua fé era tranqüila, sem sobressaltos e, naquela época, sentia-se bem por ser cristão.

Na seqüência das recordações, ele se encontrava com uma vestimenta romana, porte esguio e algo arrogante. De repente foi transportado, sabe-se lá como, até uma região distante, diferente de tudo o que lembrava e conhecia. Então, como que em um milagre, ele entendeu estar na terra que Jesus palmilhou e sua alma encheu-se de felicidade. Tanta luz, tanta paz, tanta alegria misturadas a uma saudade indefinida. Como seria bom estar de volta, rever os recantos sagrados da antiga Palestina...

Com o pensamento preso nessas reminiscências felizes, o varão desprendeu-se do corpo cansado e, assistido pelos amigos do mundo espiritual que sempre o ampararam, Jeremias fechou os olhos e repousou em paz.

Havia cumprido a sua missão. Com bom senso, agindo de conformidade com a consciência bem-formada, Jeremias, ainda uma vez saiu vencedor na proposta de reencarnação. Formou uma família abençoada por valores nobres, auxiliou os pobres na medida da possibilidade, foi um cidadão honrado, um homem de bem. Nunca se deixou levar pelas aparências falsas do mundo e educou os filhos dentro dos princípios da honra e da honestidade – princípios, esses, cristãos por excelência.

Lutou contra as adversidades do meio e treinou outras habilidades, somando às experiências que possuía outras que adquiriu pelo esforço e dedicação. Não estamos nos referindo a um homem perfeito, mas a um ser consciente de suas responsabilidades, que perdoou quando ofendido e que pediu perdão quando extrapolou no comportamento; que colaborou para o progresso da comunidade, sem reivindicar direitos a que não fizera jus.

O caminho da perfeição é muito longo para todos nós, e Jeremias não seria uma exceção à regra. Teria de retornar outras vezes para se aprimorar até o grau máximo, o que aconteceria a todos os membros da família. Mas, naquele momento, faria uma pausa para recuperação. O mundo espiritual o esperava de braços abertos, onde ele confraternizaria com os familiares e amigos que o aguardavam.

Após alguns dias, em uma instituição que abrigava recém-desencarnados, Jeremias colocou-se de pé e se posicionou diante da nova situação. Apalpou o corpo que lhe pareceu ser ainda o corpo físico. Olhou ao redor e o que viu não era tão diferente de tudo o que conhecia. Enquanto se questionava intimamente, aproximou-se uma entidade feminina, que o abraçou com forte emoção. Era a mãe que ele nunca mais viu desde que abandonou a velha terra. Ali estava ela, e como estava bela!

— Minha mãe, então estou mesmo no mundo dos espíritos! Como é que a senhora pode estar tão rejuvenescida e tão bonita?

— Que é isso, Jeremias, pensei que sempre fosse bonita aos seus olhos – respondeu a elegante entidade, que evidenciava nobreza nos gestos e nas palavras.

— Todos a consideravam a mulher mais linda da região, principalmente meu pai, um homem visivelmente apaixonado. Onde está ele, minha mãe?

— Calma, filho. Primeiro você precisa se restabelecer por completo. Precisa se adaptar aos novos ares, ao novo corpo espiritual. Depois vamos colocá-lo a par dos acontecimentos. Descanse mais um pouco, voltarei em outro momento para dar prosseguimento à nossa conversa.

Jeremias não cabia em si de felicidade. Com certeza se encontraria com outros amigos e familiares, agrupando-se novamente, fazendo planos e tomando iniciativas para o futuro. Sua cabeça fervilhava de ansiedade e boas idéias. Não via a hora de abraçar o velho pai!

Teodoro, porém, o pai que Jeremias conheceu na última encarnação, não estava junto do grupo familiar, posto que se perdesse no momento da morte física, imposta por um cruel inquisidor.

Dono de considerável fortuna, despertou a cobiça de um trabalhador infiel nas fileiras do Cristianismo, tendo sido preso e conduzido para um interrogatório infame. Nada havia que incriminasse socialmente o bom homem. Era um honrado chefe de família, professava a religião cristã; mantinha a seu serviço pessoas simples, que não professavam uma religião definida, mas nem por isso eram dignas de preconceitos e retaliações.

Teodoro foi visado porque seu patrimônio interessava especialmente a um jovem inquisidor, que se arvorou em juiz e carcereiro. Era sabido que os condenados perdiam o direito aos bens, que passavam para o Estado e a Igreja. Os governantes lucravam com as condenações; os sacerdotes infiéis abocanhavam um significativo quinhão da fortuna dos infelicitados.

Estava totalmente esquecido o ensinamento de Jesus em relação à inutilidade dos tesouros terrenos. Homens ambiciosos se locupletavam dos bens adquiridos com suor e honradez, deixando esposa e filhos dos supliciados na penúria, quando não eram também sentenciados.

Teodoro morreu em uma masmorra depois de lentas torturas. Genoveva, a esposa, em companhia de dois filhos que lhe restaram após a viagem providencial de Jeremias, amargou a pobreza sem perder a dignidade. Mudou-se para um local distante que não recordasse o infortúnio que se abateu sobre todos; criou e educou os filhos realizando trabalhos para as famílias abastadas. Não odiou os agressores, deixando que a justiça divina desempenhasse o seu papel.

Teodoro, porém, não perdoou. Tão logo se viu despojado da vestimenta física, partiu para cima do prelado que o condenou. Nunca o abandonou, gritando aos seus ouvidos surdos palavras cheias de rancor, "vomitando" todo o ódio acumulado naqueles anos de tortura que culminaram com a morte.

O prelado, ainda que jovem, tornou-se esquálido, de feições doentias, sem alegria para viver e tirar proveito da fortuna que lhe veio às mãos. À noite, sofria com pesadelos dos quais se livrava somente quando o sol raiava.

— Ganhei uma fortuna, mas perdi a paz e a saúde – falou um dia com um confessor, em um raro momento em que a consciência lhe pesou.

— É uma pena, meu filho – respondeu o sacerdote, pesaroso. — É uma pena que nada mais possa ser feito, a não ser rezar por todos aqueles que o irmão admite ter injustiçado. Os que ainda estiverem vivos, que sejam libertados!

— Isso nunca, reverendo, não vou dar o braço a torcer. Fiz o que fiz em nome da Igreja...

— A Igreja não precisava disso, meu filho. Jesus pregou o amor e, por mais que os homens se afastem dos ideais cristãos, o Mestre nunca aprovaria a crueldade contra eles. Você e eu sabemos disso!

— Reverendo, que ninguém nos ouça. Eu ainda sou seu amigo e o considero muito. Outros poderiam interpretar suas palavras como uma rejeição à autoridade suprema da Igreja. Cuidado!

— Não tenho medo, filho. Quem caminha com a luz, não teme a ação das trevas. Tenho o meu modo próprio de pensar e sei que muitos companheiros pensam comigo. Somente uma cúpula administrativa está desvirtuando os caminhos traçados pelo nosso Mestre. Ele, tão suave e misericordioso, não aprovaria os métodos violentos que se usam em seu Nome! A História ainda nos amaldiçoará por isso!

Podemos inferir, desse diálogo, que apenas uma minoria se prevaleceu de prerrogativas indevidas para julgar, prender e punir as pessoas que não demonstrassem apreço pela autoridade eclesiástica. Não foi uma diretriz geral, feita em nome do Cristo generoso e pacífico. Foi uma avalanche de espíritos obsessores que encontraram terreno fértil na ganância e no despotismo de uma minoria, a quem sugeriram formas cruéis de interrogar e punir, sem motivos justificáveis, considerando-se que Jesus nunca autorizou o julgamento de quem quer que fosse.

Ele disse: "não julgueis para não serdes julgados. Com a medida que medirdes sereis medidos pelo próximo". Em outra circunstância, interpelado por alguém que se dizia injustiçado em uma partilha de bens e queria a sua interferência, Ele respondeu: "quem me constituiu juiz sobre meu irmão"? Se o Mestre não julgou, se não se colocou diante da humanidade como um juiz quando tinha méritos para tanto, por que tudo aconteceu naqueles sombrios anos da Inquisição?

Já nos referimos ao consórcio doentio e infeliz de espíritos fora do corpo com almas comprometidas pela ambição, pelos desvios do sexo, pelo personalismo e despotismo. Quando forças terríveis se juntam, o resultado é perverso. Tinha razão o confessor quando afirmou que a Igreja seria amaldiçoada por esse lamentável fato histórico!

O que torna mais grave o acontecimento é que tudo foi feito em nome da fé, pessoas foram sacrificadas ouvindo cânticos sagrados e olhando a cruz que simboliza o Cristo!

Por que não houve uma reação por parte dos religiosos que não aderiram a tais extravagâncias e não pactuaram com tantas atrocidades? Para responder a essa pergunta, reportamo-nos ao *O Livro dos Espíritos, questão 932,* em que os Espíritos afirmam que o mal prolifera porque os bons são tímidos, isto é, não se posicionam.

Sabemos que muitas almas endividadas saldaram ali o débito cármico, mas não precisava ser daquela forma. O escândalo sempre há de existir – advertiu-nos Jesus, que acrescentou em seguida: "ai dos escandalosos, porque violência produz violência".

Nos momentos atuais, de extrema dificuldade na aceitação de valores nobres, conspira-se contra o bem nos bastidores dos congressos, das assembléias legislativas, e o mal proliferará até que as pessoas de bem se posicionem e façam valer os seus interesses e pontos de vista. É da lei que o bem saia vencedor, mas a própria lei exige um posicionamento da sociedade.

A timidez diante dos fortes, o medo de perder os poucos privilégios que possuía, fez que a sociedade de outros tempos se curvasse diante da agressividade de poucos homens obsidiados, que se transformaram no terror da humanidade. A nódoa acompanha o Catolicismo, religião que colaborou de forma inequívoca para o bem-estar social, mas que acumula o débito das atrocidades praticadas por uns poucos membros. Estamos sempre em aprendizado e devemos tirar proveito das lições que a vida oferece.

Teodoro não deu tréguas ao inquisidor que o vitimara. Atordoado porque não conseguia dormir, infeliz porque não tinha ânimo para usufruir a riqueza pessoal, ele foi perdendo o juízo e optou pelo suicídio. Nem as orientações do superior a quem confessou o crime, nem os apelos do próprio Evangelho que apregoa o respeito à vida evitaram esse desfecho infeliz.

Despojado da matéria, o inquisidor bateu de frente com o invisível perseguidor. Ali já não estava escondido aos olhos da sua vítima, mas o contato era de igual para igual. Teodoro, deixando-se cegar pelo ódio, desceu ao nível do assassino. Engalfinharam-se em uma luta atroz e foram parar em uma região tenebrosa, habitada pelos espíritos que insuflaram a sua condenação. Estavam ambos impossibilitados de raciocinar com clareza, fato que facilitou o domínio de suas mentes pelas forças das trevas.

No reduto sombrio em que se abrigaram, tinham de prestar homenagem a um ser repugnante que se apresentava com veste episcopal; exigia que se curvassem diante dele e lhe beijassem o anel enorme, que se destacava na mão fria e enrugada.

Ao lutar contra um representante da Igreja Romana, Teodoro caiu nas mãos de perseguidores frios e calculistas, que se utilizavam da indumentária eclesiástica para impor respeito, sem que no passado tivessem qualquer convivência com a religião cristã.

Nem todos os componentes do bando tinham pertencido ao clero na última encarnação. Muitos eram católicos de fachada, cometeram crimes hediondos e se julgaram absolvidos pela confissão. Não encontrando o céu que esperavam, foram se reunindo ao redor de uns poucos sacerdotes desencarnados e formaram grupos que faziam pilhagens, escravizavam os fracos e impunham um falso poder.

Alguns se revoltaram contra a falsa promessa de salvação, fato que obrigou os espíritos a forjarem uma resposta, criando a ilusão de que o céu ainda poderia ser atingido, se ficassem unidos ao redor dos "pastores eclesiásticos" até que se purificassem das faltas cometidas. Esse argumento satisfez aos mais medrosos que, com receio do desconhecido e da solidão, optaram por se juntar ao grupo sob as ordens de um falso representante da Igreja. Este, ao apropriar-se da indumentária imponente e do anel episcopal, oferecia segurança em troca de uma obediência cega e incondicional.

Dentro do grupo, espíritos eram julgados em tribunais ridículos e sentenciados de conformidade com as faltas cometidas enquanto encarnados. O chefe satisfazia ao desejo de poder e oferecia aos seguidores as migalhas que conseguiam para matar a fome.

Teodoro sentiu na pele o resultado de sua infeliz decisão. Morto por um inquisidor que se tornou seu companheiro de infortúnio, viu-se arrojado em um labirinto sujo e nada acolhedor, onde viveram juntos os mesmos tormentos da masmorra inquisitorial.

"Triste ironia" – considerou ele em um momento de reflexão.

Porque se rebelou, pelo fato de não esquecer a injustiça sofrida, ele retornou ao mesmo tipo de sofrimento e ali permaneceria até que algumas almas queridas se dispusessem a socorrê-lo.

Genoveva, assim que chegou ao mundo espiritual, procurou pelo companheiro terreno. Nenhum familiar lhe deu notícias de Teodoro e ela, piedosa mulher, redobrou as orações em seu favor.

No momento em que Jeremias desencarnou, estava sendo planejada uma ação para resgatar o marido, mas ela considerou importante a chegada do filho para que tomasse parte nos preparativos, pelo menos. A presença do filho mais velho daria novo ânimo ao coração materno, ciente de que ele não poderia participar de trabalho tão delicado.

Jeremias não controlou as lágrimas quando soube do acontecido. Desconhecia a história familiar desde que efetuou a mudança para o continente americano. Sentiu, na época, um desejo enorme de se afastar do território europeu, não imaginando, porém, que a família paterna pudesse sofrer tanto.

— Se eu estivesse presente, minha mãe...

— Teria sido sacrificado com ele, meu filho – respondeu a mãe, impedindo que o filho completasse o raciocínio.

— Não havia nada a ser feito? – insistiu o valoroso filho.

— Nada, Jeremias. Os moradores de nossa aldeia sentiam uma atmosfera pesada naqueles dias. Era como se forças terríveis se conjugassem para nos combater. Hoje compreendo que uma horda de espíritos do mal se uniu a uns poucos homens de poder para nos perseguir e humilhar.

— E a senhora não se revoltou como meu pai?

— De nada valeria a minha revolta. Naquela situação pensei em seus dois irmãos e optei pela vida, certa de que Deus sabe fazer um acerto de contas, na hora que achar conveniente.

— Louvo a sua fé, minha mãe. Não estou certo de que agiria com tanto discernimento!

— Por isso agradeci a Deus pela sua partida. Seu temperamento firme e intempestivo talvez o conduzisse para o mesmo suplício.

Jeremias conservava em si a têmpera do antigo soldado romano. Certas aquisições nunca são descartadas e, por vezes, agregam-se definitivamente à individualidade espiritual em forma de característica marcante. Não se trata de um defeito a ser corrigido, mas de uma qualidade que define uma personalidade.

Quando nos lembramos de Francisco de Assis, destaca-se em nossa mente sua humildade, quando é sabido que o grande santo foi também um grande líder, um homem capaz de formar uma extensa família espiritual. De Francisco Cândido Xavier a maioria se recorda apenas dos feitos mediúnicos que marcaram sua última trajetória terrena, mas quantas coisas ele não teria realizado no plano físico? Quantos exemplos de abnegação e renúncia em prol dos irmãos de sangue e de ideal?

Permitimo-nos essa digressão para que os leitores entendam que Jeremias se transformou em um espírito do bem sem perder suas características individuais, o que acontece com todos os espíritos ao longo das experiências vividas. Todos nós, por mais que nos evangelizemos e imitemos os exemplos do grande Mestre, traremos sempre a marca da individualidade que nos caracterizará como seres ímpares no Universo. Da soma das experiências pessoais, ressurgirá um ser único, indivisível, que não será reproduzido por ninguém.

Assim é o mundo espiritual, rico de matizes e de qualidades. Grandes falanges se distribuem pelo Universo de Deus, constituídas de criaturas felizes e diferentes entre si; não há clones entre elas, são filhas de um Pai que ama e se manifesta em cada ser que criou, de diferentes maneiras, em tonalidades muito específicas.

Nessa altura, Teodoro já havia concluído que o ódio não é bom conselheiro. Ao olhar para o inquisidor, abatido e humilhado ao seu lado, compreendeu que se tratava de uma criatura igualmente infeliz, que não trouxera para o outro lado da existência nenhum centavo de tudo o que desonestamente conquistara. Aos poucos, arrefeceu dentro dele o desejo de vingança. Com certeza não poderiam tornar-se amigos em tal circunstância, e cada qual seguiu a sua jornada dentro do reduto pouco acolhedor.

Teodoro, mais calmo e lúcido, pensava em um modo de fugir, embora não tivesse idéia do local onde se encontrava. Sabia ter passado pelo fenômeno da morte física, sem obter noções exatas sobre o modo como a vida se desenrolaria dali para frente.

As religiões, por mais esclarecedoras que fossem, sofriam limitações no terreno das revelações. Nem mesmo o Cristianismo ofereceu noções precisas sobre o destino do ser após a passagem pelo túmulo. Jesus não achou conveniente ilustrar as mentes antes que as consciências fossem preparadas. Não haveria compreensão e o fruto colhido antes da época perderia a sua essência.

As grandes e proveitosas revelações sobre o mundo espiritual chegaram até nós nos meados do século XIX, quando uma falange espiritual de primeira grandeza, sob o comando do Mestre maior, achou conveniente se manifestar. Havia chegado a Era do Espírito. O Espiritismo, termo criado por Allan Kardec, veio para elucidar, para clarear os ensinos e parábolas de Jesus, para nortear a humanidade no caminho do progresso evolutivo.

Desprovido dessas informações, Teodoro teria a seu favor o recurso da prece. Mas fazia tantos anos que ele não rezava! Não se lembraria de nenhuma oração do repertório católico, por isso resolveu conversar com Deus, com palavras simples, repletas de emoção e sentimento. Foram tão verdadeiras que resolvemos traduzi-las para o leitor:

"Deus, senhor e criador de todas as coisas. Sei que fui e ainda sou uma criatura abominável aos seus olhos. Sei que pequei, que persegui e induzi ao suicídio um filho seu, porque trazia o coração ferido e fechado para um sentimento de perdão. Se não pudesse perdoar, ao menos poderia tê-lo esquecido. Talvez não estivesse nessa masmorra a céu aberto, lugar tão indigno quanto aquele ao qual me condenaram. Onde estarão, meu Deus, todos aqueles que morreram ao meu lado? Estariam todos condenados a este suplício? Senhor, já me esqueci das orações que fiz nos templos terrenos. Talvez não as tenha proferido com fé. Hoje, no local horrendo onde me encontro, juntamente com outros seres igualmente infelizes, venho solicitar o seu socorro. Sei que o Senhor sabe perdoar, sabe fazer exatamente o que eu não soube ou não consegui. Perdoe-me, Senhor, e socorra-me, por misericórdia!"

As lágrimas que escorreram pela face asseguravam a sinceridade de seu coração. Naquele momento, começou a redenção daquela alma.

O grupo socorrista, preparado pelas falanges do bem, estava a postos e tinha no comando uma Entidade de grande elevação – um espírito que pertencia ao grupo familiar de Teodoro e Jeremias, que trazia um histórico de feliz convivência no passado.

Na hora aprazada a infiltração ocorreu de forma tranqüila. Os rebeldes não possuíam o necessário senso de ordem para impedir que alguns membros, os que demonstrassem vontade de fugir, saíssem sob a proteção de espíritos que empunhavam armas reluzentes, por precaução. A luz ofuscou a visão dos atordoados seres, ao mesmo tempo em que atraiu muitos irmãos para as fileiras dos socorristas.

Teodoro estava entre eles. No momento crucial, quando o pai de Jeremias percebeu que o socorro solicitado havia chegado, tratou de sair apressado e, em um relance, viu que ficava para trás um ser atordoado, sem forças ou discernimento para fazer uma opção consciente. Em um ímpeto, arrastou o infeliz para as fileiras da salvação, oferecendo-lhe a oportunidade que perderia, na ocasião, se ficasse por conta própria. O irmão desditoso era o inquisidor.

▼

A caravana dos estropiados conseguira safar-se do vale dos frades, nome pelo qual era identificado o local de terror imposto às almas sofredoras, que desencarnavam sem a possibilidade do amparo na hora decisiva.

Deus, que não faz julgamento, também não estende o benefício do socorro aos filhos rebelados contra suas leis, até o momento em que façam jus ao atendimento. Em uma expressão muito forte, Jesus disse que não é de bom senso atirar-se "pérolas aos porcos". É uma alegoria, com certeza, em que fez referência aos dons divinos que não são liberados às pessoas até que compreendam o seu valor.

Há irmãos que, no limiar do mundo espiritual, fogem da luz e se refugiam nas sombras. Perda de tempo e de energia seria procurá-los, nesse momento, e oferecer uma salvação àqueles que se julgam salvos. Só o tempo e as dores lhes abrirão as portas do entendimento, momento em que o auxílio será oportuno.

Teodoro e companheiros foram recolhidos em instituição especializada nesse tipo de atendimento. Precisavam de tratamento para o corpo e a essência espiritual. O perispírito, constituído de matéria sutil, também se ressente dos maus-tratos e adoece. O psiquismo se destrambelha e requer terapia psicológica.

Diversas clínicas existem em regiões adjacentes à crosta que se incumbem de tratar essas almas, encaminhando-as, em seguida, para estâncias mais apropriadas.

Em alguns casos, a melhor terapia é a reencarnação. Nesse contexto, os reencarnantes deslocarão para o corpo de carne as imperfeições grosseiras do perispírito, manifestando-se na terra como mutilados, deficientes mentais, portadores de anomalias congênitas ainda indecifráveis pela medicina.

É assim que se exterioriza a infinita misericórdia de Deus, que oferece, aos filhos, inesgotáveis oportunidades de refazimento. Ao contemplar um ser deformado, na aparência, em vez de nos fixarmos no aleijão que está visível, busquemos a sua essência, confiando que em uma breve existência ele encontrará o tratamento adequado para a enfermidade espiritual.

Há quem considere esse remédio um tanto amargo e teça acusações contra a bondade de Deus, que permite que calamidades aconteçam aos filhos. Existe uma ordem no aparente caos. Deus está no comando do Universo e nada acontece sem que esteja conforme os ditames de suas leis imutáveis que, cedo ou tarde, dependendo da reação individual, conduzirão a humanidade ao apogeu evolutivo.

Teodoro, depois de prolongado tratamento, estava em condições de se relacionar com a esposa Genoveva e o filho Jeremias. Foi um momento de especial alegria esse reencontro, patrocinado pelos familiares desencarnados e outros guias familiares. Com a esposa, após prolongado abraço, Teodoro se desculpou:

— Perdoe-me, querida, pela decepção...

— Nem fale nisso, Teodoro. Sofremos muito, você, eu e nossos filhos, mas a carga que lhe coube foi, certamente, a maior.

— Carga que eu aumentei, deliberadamente, no afã de me vingar da ofensa recebida!

— Se todos fôssemos sábios, meu irmão, não existiriam no mundo ofendidos nem ofensores – acrescentou Plínio, um dos guias familiares.

— Agradeço a generosidade de todos, e agora pediria um abraço ao meu filho Jeremias.

Esse, que até então se mantivera em muda expectativa, aproximou-se do genitor e osculou-lhe a face. Não sabia o que dizer, como dar início a uma conversa, ele que se distanciou da família e nem tomou conhecimento, enquanto na Terra, da tragédia que ocorria na pátria distante. Foi o pai que quebrou o silêncio, interpelando-o com carinho:

— Graças a Deus, meu filho, você estava seguro em outra terra. Quantas vezes, no calabouço, eu pensei em você, no que estaria fazendo, na família que estaria formando. Se muitos consideraram o seu gesto uma aventura sem sentido, eu me senti tranquilo com a sua providencial partida.

— Não sei o que pensar, meu pai. É claro que fui feliz na nova pátria, mas deixá-los assim, naquela circunstância, nunca me felicitou por completo.

— Foi por intervenção nossa – aparteou Plínio – que você se afastou do ambiente que colocaria em risco sua vida. O seu lugar era lá, para dar vida nova ao lugar, para espalhar a boa semente do autêntico Cristianismo.

— Mas nem fui tão bom cristão, Plínio. Não freqüentei as missas dominicais usando como desculpa o fato de o povoado ficar distante, mas não tive nenhuma vontade de fazê-lo.

— Você está confundindo Cristianismo com uma religião formal, meu amigo. Ser cristão é, antes de tudo, ser bom, fazer ao próximo somente aquilo que se deseja para si mesmo. Jesus não fundou nenhuma religião, mas lançou os fundamentos de uma feliz convivência na sociedade terrena, com a abolição do ódio, dos preconceitos raciais. Estimulou a prática da virtude da tolerância, quando nos aconselhou a caminhar uma milha a mais com o dominador. Pregou a justiça social no momento em que falou para que vestíssemos os nus, visitássemos os enfermos, providenciássemos alimentos para os famintos... Compreende, Jeremias, a diferença entre religiosidade e a filiação fanática a uma agremiação religiosa?

— Quer dizer que eu poderia ser um cristão sem estar presente nos rituais que a igreja nos impunha?

— Que ritual pregou Jesus, Jeremias? Ele instituiu algum sacramento? Ou, pelo contrário, mandou que os discípulos saíssem a pregar a Boa Nova despojados de bolsas e valores, com a certeza de que tudo seria providenciado a favor deles?

— As igrejas, então...

— São criações humanas, amigo. Não são condenáveis porque nós, os homens, ainda precisamos de coisas concretas às quais nos apegar, como crianças que precisam de extremo cuidado dos professores para se alfabetizar e aprender a fazer cálculos. Como uma criança aprenderia a somar, se não tivesse a noção concreta do que fosse uma quantidade?

— Quer dizer...

— Que, com muita persistência, teremos que ultrapassar essa fase infantil do nosso pensamento. Ainda temos muito que aprender; lamentável, porém, o desvirtuamento proposital dos ensinos do Mestre, que desviou da rota certa tantos companheiros que prometiam um crescimento razoável.

— Companheiros que se sentiram ameaçados, Plínio. Não puderam aceitar uma imposição grosseira no seu modo de pensar e de agir. Foi ferido o mais importante conceito de liberdade de pensamento e de consciência!

— Alterados foram os ensinamentos do Mestre, por interesse pessoal, sempre em conivência com falanges espirituais contrárias ao Cristianismo. Quando os homens evoluírem, sairão do raio de sua influência, e elas sentem-se ameaçadas com isso. Sabem que perderão poder e honrarias, valores efêmeros, que esses espíritos imaginam manter para todo o sempre.

— E quando essa situação terá um fim? - perguntou timidamente Teodoro, que ao lado dos companheiros não perdeu um só lance da conversa.

— Jesus profetizou que chegará o tempo em que haverá na Terra um só rebanho ao redor de um só pastor. Esse tempo, Teodoro, não temos condição de precisar, mas entendemos que séculos ainda passarão até que a humanidade esteja em condição mental de absorver a moral cristã. Sem essa absorção, não existirá a prática cotidiana do bom comportamento social que, em outras palavras, corresponde à moral pregada pelo Cristo.

— Terminarão as religiões?

— Ficará a prática religiosa, se assim preferir. O mundo será um local feliz, porque todos se confraternizarão, independentemente do idioma que falem e das diferenças individuais, pois é certo que cada um será portador de características próprias. Cada indivíduo acreditará em Deus, supremo criador, reverenciará Jesus como seu grande emissário e respeitará o próximo, porque entenderá que todos têm direito à vida e aos bens necessários para viver.

— Então vemos que está distante esse dia... - disseram todos os presentes, quase que ao mesmo tempo.

Plínio sorriu e se despediu, em busca de outros afazeres a cumprir. Teodoro e a família ainda ficaram conversando, aproveitando aquela manhã magnífica em que o sol brilhava com força, os pássaros esvoaçavam no florido jardim, ao lado de borboletas que beijavam flores multicoloridas.

Para Teodoro, tudo era perfeito naquele mundo nem tão distante da crosta terrena, depois dos anos de terrível sofrimento em zona inferior. Satisfeito com o reencontro com a esposa, perguntou se teriam um futuro juntos, ao que ela respondeu:

— Por enquanto não, Teodoro. Nosso projeto de vida incluía esse estágio juntos, mas as coisas não aconteceram como estavam previstas.

— A falha foi minha, reconheço. Não sei por que senti tanto ódio do inquisidor! É claro que ele merecia toda a repulsa, mas eu sei que meu sentimento extrapolou em muito o mal que ele me fez! Mais uma vez peço que me perdoe pelo fracasso de nossos planos.

— Nem pense nisso, meu querido. É só um tempo para um melhor ajuste de sua parte. Na hora em que os nossos mentores acharem conveniente, haveremos de nos unir como marido e mulher. Tenhamos paciência.

Meses se passaram e o tratamento de Teodoro chegava ao fim. Certa feita ele foi chamado ao gabinete do supervisor da instituição que lhe comunicou a iminente alta hospitalar. Preocupado, o paciente perguntou:

— E agora, doutor, para onde irei? Qual será o meu destino?

— Você tem uma opção, meu amigo, de continuar aqui mesmo, em um dos nossos alojamentos, desde que queira atuar como enfermeiro, prestando serviço em nossa ala de alienados mentais.

— Loucos?!

— Sim, espíritos dementados temporariamente. Muitos deles estavam na leva que socorremos no vale dos frades, lembra-se?

— Quero esquecer, doutor. Não seria melhor outro trabalho?

— Pense na nossa oferta. Se quiser se aprofundar no assunto, converse com Plínio, pessoa de sua maior confiança.

Teodoro procurou o novo amigo, por quem havia sentido uma simpatia inexplicável. Nunca foi de se envolver com um desconhecido em tão pouco tempo, mas com Plínio foi uma exceção. Ele tinha uma aura boa, era como se fossem velhos conhecidos. Plínio, ao ser abordado, respondeu com firmeza:

— É uma oportunidade de ouro a que estamos lhe oferecendo. Nós só nos levantamos de verdade quando auxiliamos aqueles que fizemos cair. Pense nisso!

Evidente que Teodoro não se aprofundou na questão e Plínio sabia que ele não estava preparado para maiores esclarecimentos. Pensativo, contemplando a bela natureza que o esperava lá fora, Teodoro lembrou-se, repentinamente, do inquisidor que viera para o mesmo hospital. Onde estaria? Como estaria?

Há algum tempo que não conversava com Genoveva, muito ocupada em outra cidade espiritual. Entidade mais evoluída, que não se deixou contaminar pelo ódio nem pela desditosa existência terrena, há muito ela conquistara o direito a uma esfera superior onde trabalhava na companhia de almas mais iluminadas. Havia crescido muito desde a desencarnação, fazendo jus a uma residência distinta, ao lado de familiares também evoluídos.

Teodoro sabia disso, por informação de terceiros, visto que a nobre esposa nunca se referiu a essa situação de superioridade moral. Refletiu bastante naquela tarde e, considerando que precisava fazer algo em prol do próprio crescimento espiritual, optou, meio ressabiado, por aceitar o convite para trabalhar na enfermaria dos alienados mentais, superando a aversão que a tarefa lhe inspirava.

Enquanto encarnado, Teodoro dedicou-se ao artesanato com peças de ouro, que lhe proporcionou significativa riqueza e despertou a cobiça de falsos cristãos. O que faria agora – pensava – como enfermeiro de almas tresloucadas? Como tratá-las? Como se comunicar com seres que mais pareciam zumbis, que não sabiam onde se encontravam, nem o motivo por que estavam naquele hospital?

Ainda reticente, apresentou-se ao médico responsável pelo trabalho, desculpando-se pela inexperiência:

— O senhor sabe que nunca realizei trabalho dessa natureza, doutor Anacleto!

— Trabalhou com ouro, meu amigo, metal bastante valioso. Agora trabalhará com algo infinitamente mais precioso, o espírito humano!

— É isso que me assusta, doutor. Nem mesmo sei o que seja um Espírito.

— Não se preocupe demais, Teodoro. Em essência somos todos iguais. Trate os irmãos como gostaria de ser tratado em semelhante situação.

Teodoro entendeu a alusão que o médico fez à recomendação evangélica. Se ele próprio fora alvo da atenção e dos cuidados dos irmãos benevolentes, assim deveria tratar os enfermos a serem assistidos. Colocou o jaleco branco que o identificava como um trabalhador da clínica e dirigiu-se para a enfermaria, onde se encontravam os espíritos com a saúde mais comprometida. Ele seria um, dentre os numerosos auxiliares do doutor Anacleto, experiente psiquiatra.

Em uma fiel descrição do estado emocional do novo enfermeiro, diremos que estava apavorado. Julgava-se – e concordamos com ele – uma pessoa despreparada para assumir um trabalho de tamanha importância. Em uma observação mais apurada da situação, compreenderemos que a descida ao subsolo, para visitar os enfermos em precária condição psicológica, fazia parte de uma intervenção terapêutica para o próprio enfermeiro. Teodoro era um espírito com crédito na bagagem. Caiu, vítima do ódio que o deixou cego. Os amigos espirituais queriam vê-lo de "pé", rapidamente, para que retornasse ao convívio da família; para tanto, teria de exorcizar os seus fantasmas psíquicos.

A entrada na enfermaria proporcionaria um choque que o faria liberar as energias doentias; seria como adentrar a masmorra que conheceu no plano físico, que o tornou enraivecido e tresloucado. Teodoro teria uma chance de ouro de vencer as emoções inferiores e reencontrar o desejável equilíbrio. Caso isso não acontecesse, passaria anos a fio em uma terapia acentuada até liberar os traumas profundos do inconsciente.

— Receitamos uma terapia de choque para ele – comentava o doutor Anacleto com a senhora Genoveva. — É a forma mais rápida de nosso amigo voltar a ser como sempre foi, extrovertido e feliz.

— Além dessa existe outra razão, não menos importante, não é doutor?

— Que também faz parte do tratamento. Satisfeitas as duas condições, Teodoro estará apto a acompanhá-la, minha irmã, para que continuem, unidos, a palmilhar o caminho da evolução.

— Ele tem muita sorte!

— Não se trata de sorte, mas de merecimento de ambos. Queremos vê-lo integralmente bom porque a vida continua e há muito trabalho para os dois.

— Que Deus o abençoe, doutor, pela paciência que demonstrará no decorrer dessa tarefa. Rezarei pelo sucesso do meu querido companheiro.

— Sei, Genoveva, quanto vocês se amam. Amor que vem de longas eras, jornadas que percorreram juntos, desempenhando os mais distintos papéis. Se depender de nosso empenho, logo ele estará apto a ascender para sua dimensão.

Genoveva e Anacleto eram amigos de longa data e já se posicionaram como marido e mulher em um passado distante. É comum que um relacionamento afetivo profundo se alterne com outro mais superficial, transitório, necessário e útil em determinada circunstância. Nada tem de promíscua essa situação, da qual os espíritos guardam boas lembranças.

Anacleto tem ao seu lado uma companheira que trabalha na mesma clínica psiquiátrica. Formam uma bela parceria e, quando se encontram, permutam energias saudáveis que os reabastecem de força e alegria.

▶▶▶

7
A Recuperação de Teodoro

Teodoro respirou fundo no seu primeiro dia de trabalho. A primeira atividade foi levar uma refeição aos enfermos e providenciar para que se alimentassem. Alguns, em completa prostração, nutriam-se por meio de aparelhos, situação que se prolongaria até que fossem capazes de maior independência. A assistência estendia-se à higiene pessoal.

O enfermeiro despertava, no íntimo, a sensibilidade obstruída, quando oferecia um prato de sopa e via-se obrigado a servi-la, colherada após colherada, aos doentes mais alienados. O dia transcorreu com certa normalidade até o momento em que se viu de frente com o inquisidor. Na cabeceira do leito, estava o nome que foi pronunciado com um misto de pesar e aborrecimento – Tomás!

O abatido carrasco inspirava compaixão: face descorada, olhar distante, parecia sofrer com pesadelos, embora mantivesse os olhos abertos. Estarrecido, Teodoro pediu explicações ao médico:

— Doutor, como posso ser útil a esse enfermo, se nem mesmo sei se o tenho perdoado?

— Creio que o perdoou, Teodoro, caso contrário ele não estaria entre nós. Não foi você quem o arrastou para o nosso comboio?

— Não quero mal a ele, que já sofreu demais, mas sinto certa repulsa. Será que posso beneficiá-lo de alguma forma?

— Qualquer ajuda, para ele, será bem-vinda. O maior beneficiado, porém, será você mesmo, que terá aliviado o peso de uma consciência culpada.

— Culpa, eu, doutor? Afinal, não fui uma vítima inocente?

— Até certo ponto, Teodoro. A sua inocência terminou quando o perseguiu e o induziu ao suicídio. Quem induz à morte é um homicida, compreende?

— Por que ninguém veio ao meu encontro naquela hora fatídica, para me inspirar esquecimento e perdão? Onde estavam vocês, meus amigos, que não me advertiram?

— Estávamos bem perto de você, que fechou os olhos do espírito e ficou cego de rancor. O amigo havia planejado uma vingança nos últimos momentos e, daí para frente, perdeu a capacidade de raciocinar com clareza.

— Aquela maldita prisão! Aqueles companheiros acorrentados e humilhados! Quem merecia, doutor? Como não odiar?

— Teodoro, se vasculharmos o nosso passado, todos ficaremos constrangidos ao descobrir quanto fomos cruéis e desumanos, uns com os outros, no decorrer das múltiplas existências. O ser humano emergiu do primarismo animal e demorou séculos para aprimorar a consciência. Vejamos um exemplo: hoje consideramos uma aberração a lei do "olho por olho e dente por dente". Essa lei, no entanto, visava a abrandar a reação dos homens diante de uma ofensa recebida. Quanta carnificina a história registra porque um indivíduo, desavisado, feriu ou matou um único membro de uma família importante e teve todos os seus familiares massacrados! Como vê, já se tratava de uma melhora! A vingança não mede a reação, por isso não pode ser considerada justiça. Só Deus sabe calcular as intenções humanas, só Ele sabe quanto somos vítimas ou pecadores.

— No meu caso, devo deduzir que dei algum motivo para sofrer todas as injúrias a que fui submetido?!

— Temos um arquivo no perispírito, meu amigo, que registra os atos praticados com total precisão. Quando você estiver apto a mergulhar no passado espiritual, poderá descobrir coisas incríveis. Nem todas boas, com certeza!

— Deixa pra lá, doutor. Entendi o recado. E quanto a Tomás?

— Procure ser gentil. Sentado ao seu lado, busque trazê-lo para a realidade presente. Nosso irmão refugiou-se no passado, mas nem lá ele encontra sossego. Há muitas vítimas no caminho dele, que o atormentam com pensamentos de ódio. Pensamento é força, você sabe.

— Que pode construir ou destruir!

— Muito bem, Teodoro, vejo que você está melhorando. Volte ao trabalho e mãos à obra.

Nos dias seguintes, Teodoro comparecia religiosamente à ala onde se encontrava o esquálido inquisidor. Puxava uma cadeira e sentava-se ao lado, conversando com ele – em um entediante monólogo –, fazendo referências a coisas boas que pudesse ter vivido, em busca de resgatar lembranças leves que facilitassem o retorno da mente doente à realidade.

Tomás reagia demonstrando lenta melhora. O olhar já não estava tão perdido, a face foi ficando mais corada e o corpo todo apresentava melhor aparência.

O enfermeiro também se transformava interiormente. Após cada sessão de atendimento, ele sentia-se rejuvenescer. Ao deixar o enfermo, fazia questão de despedir-se, apertando-lhe as mãos, sem esperar por uma resposta.

Após meses de trabalho intensivo, uma surpresa aconteceu na rotina de Teodoro. Ao adentrar a enfermaria, encontrou Tomás sentado na cama, recostado nos travesseiros. Ele não sabia se recuava ou se se aproximava. Em meio à indecisão, ouviu o inquisidor que o interpelava:

— Teodoro, por favor, aproxime-se.

Por um instante o passado de sofrimento veio à memória de Teodoro: a prisão, a masmorra, a separação da família, o confisco dos bens... Sentiu vontade de virar as costas ao ofensor ou, então, enfrentá-lo e despejar no seu rosto a afronta que lhe fora feita.

Mais uma vez ele respirou fundo e pensou consigo mesmo: se Jesus perdoou, por que não poderia fazer o mesmo? Com certeza, carregaria culpas que Jesus nunca carregou. Assim refletindo, caminhou na direção de Tomás, dizendo:

— Bom dia, meu rapaz, então decidiu voltar à vida? Sente-se melhor?

— Sim, Teodoro, e devo muito a você. Registrei suas visitas, sua assistência, embora não tivesse condição para me expressar. Obrigado por tudo!

Uma voz, no momento, se fez ouvir. Era o doutor Anacleto que interferia, na hora certa, para o bem dos dois espíritos:

— Não falta nada para ser dito, Tomás?

— Sim, doutor, e quero dizer rapidamente para desfazer meu abatimento moral: Teodoro, você pode me perdoar?

— Esqueça, Tomás – respondeu o enfermeiro. — Há muito que o perdoei, na esperança de ser perdoado por aqueles a quem ofendi. Fique bem, é o que todos nós queremos.

⁂

O restabelecimento de Tomás seria lento e gradual. A volta da lucidez foi o princípio, mas não seria o fim do tratamento. Enquanto o antigo inquisidor se refazia em uma nova enfermaria, mais ensolarada e confortável, Teodoro completava a terapia apresentando excelente resultado. Alguma coisa, no entanto, deprimia o antigo joalheiro, fato que não passou despercebido ao médico. Em uma sessão individual, o psiquiatra tocou no cerne da questão:

— Teodoro, falta bem pouca coisa para que você possa ir ao encontro de Genoveva. Não posso liberá-lo enquanto não o perceber alegre e otimista. O que, de fato, o atormenta?

— Eu gostaria de entender o que me aconteceu, quando encarnado, para que possa esquecer, definitivamente, a tragédia de minha vida.

— Tudo bem, Teodoro, você está pedindo e vou providenciar uma regressão de memória. Ao voltar no tempo, irá lembrar-se de fatos da sua existência não registrados no consciente.

— Ah, são aqueles arquivos a que o senhor se referiu.

— Sim, ao abrir um arquivo, estaremos abrindo todos. Está preparado?

Teodoro estava disposto a abrir o arquivo mental. Com um aparelho acoplado na cabeça, ele pôde ver, refletidas em uma tela, algumas cenas ocorridas no passado. Umas não tinham grande significado, mas em determinado momento ele se viu na indumentária de um chefe guerreiro e conquistador, barbarizando um vilarejo inteiro, matando chefes de família, indiferente ao sofrimento de mulheres e crianças. O motivo da selvageria foi a ganância, o desejo de tomar posse de terras que não lhe pertenciam. Entre as vítimas da orfandade, estava um adolescente que ele reconheceu como Tomás, o inquisidor. Estava explicada a causa da recíproca aversão.

O coração de Teodoro acelerou, um suor álgido banhou-lhe o rosto que ele escondeu com as mãos, implorando:

— Basta, doutor, não preciso ver mais nada. Reconheço que fui o autor de minha própria infelicidade.

— Calma, amigo, respire fundo e beba um pouco desta água – disse-lhe o médico, enquanto desconectava o aparelho.

— Você vai se sentir melhor depois deste mergulho no inconsciente. No futuro, Tomás terá que passar por isso também.

Após refazer-se depois da atordoante revelação, Teodoro continuou atento às considerações médicas:

– Todos os atos humanos, amigo, são explicados por uma lei natural, a lei de ação e reação. Reagimos sempre a um estímulo, que pode ser exterior – aquele que vem de fora, do meio social em que vivemos – e interior, que vem de dentro do nosso psiquismo, sadio ou enfermo, equilibrado ou em desalinho, pacificado ou em conflito. Contra os estímulos exteriores precisamos utilizar o bom senso na hora do discernimento, para saber como agir sem causar prejuízo a nós e ao próximo. A situação fica muito delicada quando somos movidos por um estímulo interior doentio, de cunho neurótico ou psicótico. Esse impõe ao indivíduo um comportamento arredio, conflituoso, agressivo, imoral. A psiquiatria ainda não está desenvolvida satisfatoriamente no mundo físico, povoado de almas desajustadas. Dentro de poucos séculos, alguns médicos notáveis de nosso plano reencarnarão para dar um avanço a essa área do conhecimento médico.

— De fato, doutor, percebo que a medicina daqui é dezenas de vezes mais adiantada. No meio terreno, quando os homens enlouqueciam, eram trancafiados em celas imundas, em hospitais que mais pareciam uma prisão.

— Ali, o que se tem em mente ainda é o isolamento completo dos pacientes, porque os médicos se sentem incapazes de curá-los. Todo o avanço que deverá ocorrer no campo psiquiátrico será iniciativa do plano espiritual. Por si sós, nossos irmãos encarnados pouco ou quase nada lograrão realizar.

— Fale um pouco mais sobre os estímulos – solicitou Teodoro ao gentil médico e orientador.

— Pois bem, Teodoro, toda a sabedoria consiste em discernir um estímulo adequado, voltado para a inserção saudável do indivíduo na sociedade, de outro que possa ferir direitos individuais, como a posse gananciosa de bens materiais. Tanto você quanto Tomás falharam nesse ponto. No passado, você tropeçou na ganância e arranjou para si um débito gigantesco. Na recente encarnação, Tomás também agiu estimulado pelo desejo de posse incontido, agravado por um sentimento de aversão e ódio. No fundo do psiquismo do inquisidor, está registrada a cena em que ele vê o pai ser morto por você, na roupagem de um inconseqüente conquistador. Ele não se aperfeiçoou, não corrigiu os sentimentos e se deixou levar pelos estímulos ex-

ternos (ganância, desejo de poder) e interno (o desejo inconsciente de desforra). Está acompanhando o raciocínio, Teodoro?
— Vou meditar em tudo o que me foi apresentado, doutor. Se tiver alguma dúvida...
— Procure-me. Estarei à disposição sempre que precisar.

▼
▼

Em conversa posterior com Idalina, a querida companheira, doutor Anacleto ponderava sobre a difícil missão de compreender a alma humana.
— São tantos os nichos, os labirintos em que uma dificuldade pode se localizar, querida!
— Você quer dizer esconder-se, querido! Se todos os estímulos que nos afetam o raciocínio fossem perfeitamente detectáveis, com certeza reagiríamos a eles dentro de nossa escala de valor.
— Pessoas boas afastariam convites para a violência; as honestas não se deixariam arrastar por sugestões para a corrupção – completou o médico, alisando os cabelos longos e macios da esposa.
— E nós não teríamos motivo para exercer nossa profissão do lado de cá, Anacleto. Não seria uma maravilha?!
O casal abraçou-se e saiu para um passeio noturno, no qual assistiriam a uma peça teatral em companhia de casais amigos. Algumas crianças permaneceriam em casa, sob os cuidados de babás.
Os espíritos carecem de momentos de lazer e descontração, principalmente os que prestam serviços relevantes em postos assistenciais. Eles cultivam o gosto por música, pintura, teatro e películas cinematográficas. Como o mundo espiritual é composto de infinitas moradas, infinitos são os estilos de vida que encontramos nessas dimensões extraterrestres, não nos cabendo generalizar.

As revelações dos espíritos estão sendo feitas com critério e discernimento. Consideramos que o véu pode ser levantado um pouco mais, que o homem e a mulher encarnados devem adquirir noção mais precisa do que seja a vida após a desencarnação.

Deus não é misterioso. Ele tudo criou com uma clareza incrível. Nós, suas criaturas, é que somos limitados e só absorvemos a verdade dentro de certos limites, a partir dos quais nossa mente rejeita ou não consegue registrar. Há ainda o problema das idéias preconceituosas, das quais devemos nos despojar para crescer intelectualmente.

Não há como colocar mais alimento em um recipiente cheio, assim também não vemos como ilustrar as mentes de irmãos que se julgam poderosos, que pretendem saber tudo, a respeito de tudo e de todos. O Evangelho registra que certas verdades só são aceitas pelos "pequeninos", seres que não se julguem superiores ao que realmente são, que estejam abertos para novos conhecimentos.

É chegado o tempo de se abrir um pouco mais o leque das informações feitas originariamente a Kardec, e os Espíritos do Senhor continuam responsáveis por essa tarefa. Para sempre é válida a advertência: "ouça quem tiver ouvidos de ouvir".

Anacleto e Idalina são espíritos afins, que se amam e permanecem juntos a maior parte do tempo, considerando-se as múltiplas encarnações. O casal faz parte da família espiritual de Jeremias, Teodoro, Genoveva e, por extensão, de Ricardo, Estela e Romualdo. No correr dos tempos, eles reencarnam para evoluir e resolver certas pendências. Alternam os papéis a serem desempenhados, mas estão sempre por perto, auxiliando-se na hora das decisões.

Outros membros ingressam no grupo, enriquecendo-o em certas circunstâncias, ou causando transtornos, em outros casos. Os reencontros na carne servem para aparar as arestas e solucionar as diferenças.

Anacleto e Idalina estão preparados para voltar ao palco terreno, dessa vez como irmãos, na linhagem de Jeremias; serão filhos de Ricardo e Estela que já possuem um filho adolescente: Romualdo. O casal mereceu a graça de abrigar no seio três valorosos espíritos, que ofereceriam seus préstimos ao novo continente americano, no final do século XVI.

São almas seletas que se juntarão a muitas outras, com o fim de promover o desenvolvimento econômico, político e social de uma terra por desenvolver, sobre a qual recaía o olhar cuidadoso da Espiritualidade.

Distanciados de polêmicas religiosas, poderiam construir uma realidade social sem os ranços medievais que ainda perduravam em certos segmentos europeus. O ciclo das grandes descobertas marítimas não aconteceu por acaso. Esteve sempre sob o controle do Alto, com vistas a povoar o orbe terreno e estender a filosofia e a moral cristãs para o Ocidente, onde viviam civilizações esparsas em um território praticamente despovoado.

▼

Deus, nosso Pai e Criador, entregou a Jesus a responsabilidade de fazer o desenvolvimento do orbe terreno como um todo, desde o aspecto geológico, colocando-o em condições de receber a vida animal que haveria de florescer após centenas de séculos, quando as condições climáticas favorecessem o desenvolvimento das diversas espécies. Após lenta e progressiva evolução, entraria no contexto a espécie hominal, cujo espírito necessitaria do impulso crístico para evoluir, para atingir um grau de inteligência que o distinguisse dos outros gêneros, para se posicionar definitivamente como um ser racional e livre.

O povoamento do orbe foi lento, porém progressivamente constante. O aprimoramento da essência espiritual se fez em dois planos: no físico e no espiritual. O progresso elaborado no mundo das essências se refletia no plano material e o corpo físico se tornou, lentamente, mais leve, mais primoroso, menos primitivo, incorporando características de Humanidade.

Reza o Antigo Testamento que o homem foi criado à imagem e semelhança de Deus. Com certeza, temos algo de sua essência santificada; alguma coisa que precisamos elaborar melhor em nós, visto que uma semente precisa germinar e frutescer para se tornar realidade.

Para que possamos refletir a imagem do Criador, ainda demandará muitos séculos e muitas vidas, de lutas sem trégua contra os resquícios de animalidade que adquirimos, por força de nossa passagem pelos reinos inferiores da criação. A esse lento caminhar em direção ao pleno desabrochar das potencialidades chamamos evolução.

Evoluímos, no princípio, por força de um comando superior, quando nossa vontade era quase que totalmente direcionada para a satisfação dos instintos, úteis e imprescindíveis para a sobrevivência. Aos poucos elaboramos melhor o pensamento que se tornou contínuo, possibilitando-nos fazer escolhas mais satisfatórias, e a consciência desabrochou cobrando-nos um comportamento adequado à condição de seres pensantes e livres.

Hoje, podemos tomar nas mãos as rédeas do destino e conduzi-lo por direções que elegemos, constrangidos por imposições do meio social, por vezes adverso, e do nosso próprio inconsciente carregado de ansiedades e frustrações.

Não estamos, todavia, sozinhos na tarefa de evoluir, porque Aquele que tudo criou nos protege os passos, como um Pai amoroso e justo que não abandona a prole ao seu destino. Somos tutelados, sim, mais do que podemos imaginar, porque do Alto um Ser magnânimo se incumbe de gerenciar nosso progresso, impulsionando aqui, controlando ali, encaminhando-nos para o objetivo grandioso a que fomos convocados: a culminância da perfeição como espíritos.

A História da humanidade não tem como registrar os primeiros passos do homem sobre o planeta. Somente em registros siderais, encontram-se anotações completas, que não temos como compilar nessa esfera evolutiva em que nos encontramos. Sabemos o suficiente: que tudo está sob o controle de mentes poderosíssimas, que amam o que fazem porque tudo é Amor no reino da perfeição. Esse Amor mantém acesa a chama da vida que cresce de dentro para fora, iluminando o ser pequenino do presente que se transformará no arcanjo luminoso do amanhã.

Após essa reflexão que julgamos importante para exaltar a figura majestosa de Deus-Pai, embora consciente da pobreza de nossas concepções e linguagem, voltamos a narrar a trajetória de Idalina e Anacleto.

Esses dois espíritos introduziram-se na família de Estela e Ricardo como irmãos gêmeos. Completaram o quadro familiar quando a maturidade alcançava o casal, e o primeiro filho, Romualdo, havia completado 15 anos de idade.

Foi uma festa na comunidade. Ricardo, que mantinha contato com o mundo espiritual por meio de uma mediunidade esclarecida, ficou ciente da encarnação de almas amigas. Romualdo exultou dentro de si porque, em espírito, percebeu a proximidade de amigos com quem conviveu venturosamente no passado. À mãe, ele confidenciava:

— Sinto, mamãe, uma satisfação enorme quando me aproximo dos dois bercinhos. Sempre quis uma irmãzinha, mas receber dois irmãos de uma vez foi um grande presente.

— Nada acontece por acaso, filho. Esperamos tanto por um segundo filho, que imaginávamos que não mais seria possível; então vieram dois de uma só vez. Olha que esperamos quase 15 anos por eles!

— Será que isso quer dizer alguma coisa, mamãe? Será que não puderam vir, cada um por sua vez?

— Quem sabe? Você faz cada pergunta, menino!

Romualdo afastou-se em direção ao bosque que circundava a majestosa moradia; como gostava de fazer sempre que precisava refletir sobre algum enigma, pôs-se a meditar na presença daqueles irmãos, tão queridos logo na chegada. Em seu íntimo questionava: de onde vieram? Será que já existiam?

A catequista um dia explicara que a alma passa a morar no útero materno no momento da fecundação, mas não soube explicar a origem da alma. Quando ele perguntou se era possível que a alma já existisse em algum lugar, se até poderia ter vivido no mundo terreno em outras oportunidades, a professora católica o repreendeu por estar dando asas à imaginação. Ele se lembrou bem do diálogo que mantiveram naquela oportunidade:

— Dona Cecília, se fomos criados todos no momento da concepção, não deveríamos possuir as mesmas capacidades, as mesmas qualidades e até idêntica inteligência? O que é que torna os seres humanos tão diferentes entre si?

— Ora, Romualdo, a sociedade influencia muito o comportamento humano. Assim, os homens vão ficando diferentes entre si.

— Aceito que o meio em que as pessoas vivem atue sobre elas. Aqui mesmo, onde moramos, percebemos que nossos amigos são parecidos no modo de proceder, embora mantenham características pessoais marcantes.

— Então, o que o incomoda?

— Professora, ainda há dias observei o filho de um colono nosso, ele nasceu com uma perna menor do que a outra e anda manquejando por aí. Conheço uma menina quase cega na escola que freqüento e os pais dizem que o problema é de nascença. Como a senhora explica isso, afirmando que tudo começa no ventre materno, que não houve outro tempo em que as coisas más pudessem ter sua origem?

— Ah, meu menino, sempre questionador. Você precisa aceitar melhor a vontade de Deus, que tem poder para decidir se um filho precisa nascer com esse ou aquele defeito. Ele sabe o que faz, Romualdo, é preciso ter fé!

— A fé, sempre a fé – resmungou Romualdo. — Não quero aceitar aquilo que não posso entender, professora.

— Cale-se, menino. Você não sabe o que está falando. Deixe-me dar continuidade à aula...

Romualdo, no período da adolescência, continuava questionador, como sempre foi. Sua dificuldade estava em aceitar afirmações que feriam a razão e o bom senso. Naquela situação, ele não acreditou em um só item da aula que a professora expôs.

Deus, pensava ele, sendo sábio, poderoso e essencialmente bom, não haveria de selecionar os filhos que deveriam gozar de saúde e deixar que outros, numerosos, fossem imperfeitos na aparência física, sofrendo de aleijões inexplicáveis desde o berço, alguns com dificuldades na fala, na audição, na visão e até com distúrbios mentais... Que Deus seria esse o de dona Cecília, que era em tudo diferente da concepção que ele intuía sobre a divindade? A mãe bem pouco lhe pôde esclarecer porque o assunto era demasiadamente sofisticado para a época.

As revelações espirituais a respeito das múltiplas existências só chegariam ao mundo ocidental, de forma organizada, nos meados do século XIX. No mundo oriental, a idéia de que as almas se encarnavam diversas vezes, para evoluir, era divulgada com naturalidade, mas o Oriente e o Ocidente estavam distanciados no espaço e, muito mais, nos ideais de vida.

A globalização que conhecemos, e que por vezes é bastante criticada, não existia em séculos anteriores. Cada povo estava fechado para influências que viessem de fora, que pudessem modificar o modo de vida e os valores cultivados. Até o casamento entre pessoas de diferentes raças e culturas era um problema para os amantes.

Reflexionamos que a crença na reencarnação não serviu de estímulo para a moralização de alguns povos orientais. Acreditar na multiplicidade das existências terrenas, sem um embasamento moral, não induz o ser humano a melhorar o comportamento em relação a si mesmo, ao próximo e à sociedade.

A acomodação humana arranjou uma justificativa para deixar para uma existência futura tudo o que poderia ser realizado no momento presente, o que reforça a tese de que informações, desacompanhadas de melhor orientação, não bastam.

Os melhores esclarecimentos chegaram à humanidade terrena no século XIX, pelas obras codificadas por Allan Kardec, pseudônimo utilizado pelo eminente professor francês Hippolyte Léon Denizard Rivail, que formam um corpo doutrinário que se define em três aspectos: filosófico, moral e científico. Acreditamos que pouco vale saturar os ouvidos de fórmulas inovadoras, se não estiver preparado o terreno fértil dos sentimentos e da razão, para compreender, assimilar e praticar.

Romualdo interrogou o pai, Ricardo, a respeito da origem das almas de seus novos irmãos e recebeu a resposta mais adequada:

— Sabemos, meu filho, por orientação de alguns espíritos amigos, que essas almas estavam no mundo espiritual.

— Então, já tiveram algumas vidas.

— Inúmeras, Romualdo. Só que não podemos falar a respeito de forma aberta, porque as pessoas de nosso convívio, em grande parte, acreditam de outra maneira.

— Seremos maltratados?

— Duvido, meu filho. Soube que as pressões contra as pessoas que pensam de modo diferente do clero diminuíram até na Europa. Aqui elas não nos atingiriam porque temos maior liberdade e vivemos com total independência. O território é vasto; a distância, que às vezes dificulta nossa vida, em outros aspectos, é nossa maior defesa.

— Mas a professora ensina coisas diferentes.

— Que importa? Se ela estimula a crença na existência de Deus e aconselha a prática das virtudes, está mostrando para muita gente o caminho da salvação. A tolerância deve existir de ambos os lados: dos que crêem cegamente no que ensina a Igreja e dos que negam os seus dogmas e rituais. Não temos motivo para entrar em conflito por causa da religião. A religião é apenas um caminho, um roteiro, não é um fim em si mesmo. Esse foi um engano lamentável que aconteceu no seio do Cristianismo. Os fiéis deveriam ser conduzidos a Deus, de uma ou de outra maneira, mas os dirigentes das religiões chamaram para si a glória de um poder que na realidade não possuem. Quem tudo pode é Deus, lembre-se sempre disso, Romualdo.

▶▶▶

8
A Fazenda Esperança

Na pia batismal, Idalina e Anacleto receberam o nome de Celina e Jesualdo. Eram crianças perfeitas no aspecto físico, porque sabemos que o corpo de carne é plasmado por um "modelo organizador" que o molda de acordo com as características do perispírito. Sendo espíritos do bem, trabalhadores conscientes e responsáveis, não traziam seqüelas nem deformidades que houvessem de ser expurgadas para o veículo físico.

Cresceram junto dos pais, na fazenda que se expandia e progredia até o ponto de influenciar o povoado mais próximo, que se viu beneficiado com melhoramentos tecnológicos que os donos traziam de fora e, sem resquício de egoísmo, compartilhavam com os vizinhos.

A Fazenda Esperança, designação pela qual se tornou conhecida, era modelo de boa administração em meio à desigualdade social reinante naquelas paragens. O progresso material ensejou outros tipos de evolução: a educação era considerada fator básico e indispensável; a saúde, relevando-se a precariedade da época, era tratada com atenção, visto que Ricardo construíra um pequeno ambulatório e subsidiava o tratamento dos colonos e de alguns nativos agregados. Em médio prazo, toda a população do lugarejo – fossem ricos ou pobres, imigrantes ou descendentes de indígenas – utilizava-se dos serviços médicos daquele posto assistencial.

Ricardo se enriquecia e contava com a agudez mental de Romualdo para auxiliá-lo no trabalho de administração. O filho mais velho do fazendeiro trazia vasta experiência do passado quando administrou um feudo bastante produtivo. Foi a esperança do pai naquela época e seria, novamente, um raio de sol nas paragens do novo mundo.

O povo admirava a tenacidade do rapaz, sua maneira agressiva, quando tinha de tomar decisões, e ao mesmo tempo gentil e cavalheiresca com as pessoas simples, as despojadas de bens materiais, as adoentadas e sem recursos.

O prestígio do primogênito de Ricardo extrapolou as fronteiras da fazenda e se firmou no povoado, de maneira tão radical que o lugarejo passou a chamar-se Vila Esperança. Em pouco tempo, o jovem foi convocado à função de administrador do local, uma espécie de prefeito nos dias atuais.

Naquela conjuntura, Romualdo sentiu-se mais seguro para expor pontos de vista pessoais sobre diferentes assuntos, desde a economia até a religião, porque o prestígio tem o dom de oferecer às pessoas certas garantias em termos legais.

A personalidade do jovem expandiu-se e a notícia de suas boas realizações irradiou pelas redondezas, possibilitando à família de Ricardo um trânsito tranqüilo em todos os sentidos, até mesmo na questão de mediunidade que estivera sempre escondida das autoridades eclesiásticas.

Ricardo continuava o intercâmbio discreto com a Espiritualidade. Além da caridade, havia um objetivo a atingir naquela circunstância: a administração de uma vila que se tornaria cidade em médio prazo. O progresso material era meta a se conquistar. Melhoramentos básicos, como água encanada, sistema de esgoto, saúde, educação, aprimoramento das rudimentares técnicas de exploração do solo, respeito aos direitos de cidadania que aos poucos foram sendo estabelecidos e redução do poder temporal da Igreja faziam parte dos projetos das grandes almas para aquele rincão.

Pensa-se, algumas vezes, que ser religioso é apenas saber orar, comunicando-se com Deus nos momentos de crise para fazer petições e – pasmem vocês – há pessoas que se sentem no direito de fazer exigências a Deus! Exigências que são todas de natureza material. Dizem: "eu preciso de dinheiro, eu preciso de saúde, eu preciso de emprego. Se o Senhor é Deus, deve dar o que eu preciso".

Isso não é oração. É exigência arrogante e descabida, que nunca será atendida por Deus, por Jesus ou um de seus mensageiros. Eles aguardarão que o suplicante compreenda o seu lugar, que é grandioso porque é filho e não servo de Deus, mas adquira a humildade que deve ser natural naquele que pede, que reconhece a própria inferioridade diante da grandeza do Benfeitor.

O Espiritismo inovou em matéria de revelação, ao nos esclarecer quanto à origem divina da Lei do Progresso. Deus quer que a sociedade humana evolua nos mais diferentes aspectos: material, intelectual, tecnológico, científico e moral. O Espírito, criado simples, foi dotado de um potencial enorme. Potencial para crescer interiormente e desenvolver o seu *habitat*, melhorando as condições de vida, produzindo artefatos que ofereçam conforto, desenvolvendo tecnologias e aumentando o cabedal de conhecimentos científicos.

Jesus Cristo, o modelo mais perfeito que o Pai nos ofereceu, foi um Homem de extrema sabedoria. Demonstrou conhecer aspectos da realidade humana e espiritual que abismou os sábios de sua época. Por isso foi combatido. Sua grandeza e sapiência foram conquistadas lentamente, gradualmente, em épocas que se perdem nas voragens do tempo.

Somos convidados a fazer o mesmo, a seguir as suas pegadas. Como somos pequenos, precisamos de um guia seguro a sinalizar os desvios e armadilhas do caminho. Jesus se autointitulava o Filho do Homem. Ele não era deus, era o Homem no seu apogeu glorioso, o Homem santificado, o Homem perfeito, que desceu da majestosa mansão celeste para encarnar-se entre nós e se constituir no mais perfeito modelo de Humanidade!

Se o Mestre nos visitasse novamente portando um corpo físico, com certeza sintetizaria em Si a grandeza do pedagogo, a notoriedade do cientista, o devotamento do maior humanista, a generosidade de um santo... e muito mais, além do que possa elaborar nossa paupérrima imaginação!

A evolução social é condizente com os desígnios de Deus. O homem não foi criado para permanecer na caverna. O Pai descortinou à sua frente um mundo bonito, uma natureza pujante que ele deveria desbravar, sem nunca prejudicar.

Romualdo foi, a seu modo, um missionário promotor de desenvolvimento econômico e social na Vila Esperança. Impediu, com seu raciocínio aguçado, que os dirigentes da religião dominante emperrassem o progresso pela imposição de preconceitos e idéias ultrapassadas. A América seria povoada e colonizada no início da Idade Moderna, que deveria eliminar as impressões sombrias da Idade Medieval.

Os planos do Criador são perfeitos, cabe aos homens executá-los com precisão, o que raramente acontece. Preconceitos, desejo de poder e honraria, usura e ganância são demonstrações de senso moral pouco desenvolvido. Bastaria que se desejasse para o outro o que se almeja para si mesmo e a história da humanidade seria diferente. Não registraria guerras, nem escravidão, nem latrocínios. Haveria harmonia, cooperação, respeito ao próximo e suas propriedades.

O desenvolvimento do Novo Mundo registra algumas histórias de altruísmo, dentre as quais salientamos a saga desses amigos espirituais, verdadeiros desbravadores de um continente selvagem; eles conheciam os postulados do Cristianismo e se esforçaram por praticá-los, dentro da pureza que lhes foi possível apreender, considerando-se que o fator religião foi um agente de desunião social, que permitiu se estabelecessem vínculos perniciosos com representantes espirituais da sombra, que intentam desbaratar os esforços de cristianização terrena.

Registramos a presença de almas valorosas que se doaram no afã de evangelizar o novo continente e seus ingênuos habitantes, missionários enviados pelo Alto para pregar, não uma religião oficial, mas o "amai-vos uns aos outros", dentro de uma óptica legitimamente cristã.

Ricardo, o patriarca do clã, atingiu uma idade avançada com plena liberdade para expressar os pensamentos e sentimentos em relação à manifestação dos espíritos. Não se ousava criticá-lo porque era um homem de bem, um benfeitor da comunidade local. Quem não podia entendê-lo fechava os olhos para sua experiência particular, pois não era conveniente perder a parceria.

Os indígenas do local, almas em evolução que influenciaram o desenvolvimento do continente, eram afeitos ao trato com entidades espirituais que receitavam ervas curadoras e se manifestavam aos xamãs das tribos. Esses curandeiros entendiam a fala de Ricardo, considerado por eles um feiticeiro branco, que se comunicava com os mortos e dava instruções ao grupo. Para os índios não era problema aceitar que um homem encarnado pudesse se contactar com o mundo dos espíritos.

As autoridades eclesiásticas fecharam os olhos porque se tratava de família importante. Se não havia ostensiva condenação, haveria sempre um olhar de desconfiança; sabiamente Ricardo preferiu, tanto quanto possível, o isolamento dentro de sua fazenda. Impor aos outros a sua crença e forma de encarar a vida não seria útil à proposta dos Espíritos, seus conselheiros.

Romualdo se expôs com determinação. Considerava que já lhe bastara o tempo em que teve de se curvar diante da professora Cecília, fingindo aceitar explicações sem sentido, que sua mente rejeitava.

Enquanto isso, Celina e Jesualdo atingiam a adolescência, época em que os hormônios irrompem com força e fazem aflorar as tendências que estavam adormecidas. Por serem duas almas equilibradas, não dariam dissabores aos pais nem ao irmão mais velho, responsável pela administração da vila.

Enviados para uma cidade na velha Espanha, receberam ambos uma educação primorosa. Ele voltou como médico, ela como professora. Junto da família somaram forças ao trabalho de Romualdo, impulsionando a Vila Esperança para um período de desenvolvimento econômico e social.

Os administradores da Fazenda Esperança não aderiram ao esquema de escravidão, mas buscaram uma mão-de-obra livre para os campos produtivos, ricos de frutas e de grãos. Os nativos, sempre temerosos, mantiveram-se a uma relativa distância, mais por precaução do que por necessidade, mas aos poucos foram assimilando o que de melhor os brancos tinham para oferecer, sem pressões, sem violência, em um processo natural, porque sob a administração de Romualdo eles nunca foram maltratados ou escravizados.

Celina dirigia uma escola em um prédio de construção singela, encarregada da alfabetização em língua espanhola, idioma que aos poucos se descaracterizava, assimilando vocábulos da língua nativa. As pessoas de posses pagavam pela educação dos filhos, muitas vezes em regiões distantes, enquanto os filhos dos colonos e empregados urbanos eram gratificados com a educação na escola de Celina, que recebia apenas mensalidades simbólicas. Os grandes proprietários rurais, a exemplo de Ricardo, enviavam os filhos para completar os estudos em universidades européias.

Celina casou-se com um bom homem da região, filho de fazendeiro abastado, que colaborou espontaneamente com o trabalho que a mulher considerava uma missão: educar a infância. O casal formou uma família numerosa, enriquecida ao longo dos anos por netos e bisnetos, todos com formação moral severa, dentro dos postulados cristãos. O relacionamento entre ela e Jesualdo, uma alma muito querida, foi pautado por muito carinho e cordialidade, apesar da distância que a vida colocaria entre eles.

Doutor Jesualdo solicitou apoio financeiro ao pai para aperfeiçoar os estudos médicos em notável universidade francesa, onde se descortinava um panorama favorável aos conhecimentos psiquiátricos.

Ricardo, pesaroso, concordou. Os bons espíritos haviam avisado sobre essa determinação do filho, proposta que era endossada pelos guias da comunidade, tendo em vista o futuro espiritual de Jesualdo, predestinado a fincar raízes em solo francês.

Tudo era conduzido a bom termo. Nessa existência, Jesualdo e Celina eram irmãos, não lhes coube o destino de caminharem juntos porque a necessidade de ambos exigia a separação. Foram felizes porque a felicidade é construção pessoal, não fica condicionada a fatores externos.

Jesualdo era, também, a reencarnação do doutor Ferdinando, que foi citado quando de sua existência no território europeu, na Idade Média; ele se afastaria uma vez mais da família carnal para aprimorar-se na arte da cura. Os estudos médicos não eram tão evoluídos quanto atualmente, mas encontravam-se, no continente europeu, as melhores oportunidades existentes para a época.

Na França, o dedicado médico contraiu matrimônio, estabelecendo-se de vez, com a família, na terra que receberia, dois séculos depois, o missionário do Espiritismo, quando se configurasse o clima psíquico necessário para o recebimento da Terceira Revelação. Afirmamos, reiteradamente, que nada se improvisa quando se trata de plano divino.

Uma falange de espíritos bem resolvidos estava se ambientando no cenário terreno, alguns sem necessidade de encarnação obrigatória por motivos pessoais, mas foram movidos pela devoção à causa do Cristo. A ambientação, em casos de espíritos distanciados do clima psíquico do planeta, deveria ser lenta e cuidadosa, prevenindo-se desgastes inúteis da saúde que se comprometeria no contato repentino com fluidos mais densos.

São as chamadas encarnações intermediárias que acontecem também em outros planos, para que a Entidade espiritual não se ressinta com a mudança brusca do padrão vibratório.

A França, nos séculos que precederam à vinda do Espiritismo, abrigava almas de grande valor intelectual e espiritual. Espíritos também preparados reencarnaram-se em outros recantos europeus, para dar suporte e confirmação às revelações que se fariam ostensivas nos meados do século XIX. Eram praticantes da Medicina, Astronomia, Pedagogia e da Psiquiatria que se aclimavam no ambiente terreno à espera do grande evento.

O doutor Jesualdo consagrou os anos de sua existência aos estudos que evoluíam no sentido de compreender a alma humana. Ele tinha mais a oferecer do que a aprender nesse campo. Seu trabalho no mundo espiritual, ao lado de almas comprometidas no campo psíquico, proporcionou-lhe conhecimentos que favoreceram certa liderança no meio acadêmico e ele se viu rodeado de discípulos que identificaram a visão aguda do cientista.

De tudo o que aprendeu como espírito, de todas as experiências obtidas, restou uma percepção mais lúcida dos problemas mentais, fato esse que o distinguia entre os colegas de profissão. Escrevia, intuitivamente, pequenos ensaios científicos quando, altas horas da noite, debruçava-se sobre os prontuários médicos e explorava a causa de doenças "misteriosas" que agrediam o organismo físico, sem uma explicação convincente.

Sem possuir mais nítida compreensão do fenômeno mediúnico, passava horas "confabulando" com entidades reais – consideradas por ele fictícias, fruto do inconsciente –, que lhe conduziam o raciocínio por caminhos inexplorados pela ciência humana. Essa lucidez e essa perspicácia o distinguiam dentre os companheiros de profissão, que não recebiam ajuda extra no afã de desvendar os mistérios da mente humana.

Jesualdo nada recebia de "mão beijada"; toda inspiração era fruto de sua tenacidade em buscar respostas por caminhos inexplorados no plano físico, veredas que o médico, na condição de espírito, havia palmilhado em instâncias espirituais superiores.

Como filho de Ricardo, um médium ostensivo que não mais fazia questão de esconder os fatos mediúnicos, Jesualdo não era um desconhecedor do intercâmbio espiritual. Como médico, porém, não podia admitir para os seus pares essa realidade extrafísica sem causar uma grande comoção no meio científico. Calou-se, também, a exemplo do que fez Romualdo na infância e na adolescência, porque entendeu que polemizar não seria uma boa alternativa.

O silêncio, muitas vezes levado em conta de covardia, pode ser a maior manifestação da segurança e nobreza de uma alma, que coloca a causa pela qual trabalha acima de vaidades pessoais. Os Espíritos superiores nunca se impõem à sociedade terrena de forma vaidosa e personalista. O que importa é o bem a praticar, pouco interessa a quem se atribua a autoria. Os ensaios científicos, elaborados por Jesualdo sob a orientação de espíritos sábios e benevolentes, não teriam aceitação no século XVII se fosse revelada a sua origem.

A maior parte da produção literária e artística que circula pela crosta planetária tem suas raízes no mundo espiritual, que influencia de forma permanente o mundo físico. Para o bem ou para o mal, para o que estimula o progresso humano ou para ações perturbadoras, o homem encarnado está sempre às voltas com as ondas mentais que se originam no mundo espiritual, rompem as barreiras das vibrações grosseiras e entram em "simbiose" com a mente humana.

As dimensões espirituais evoluídas alcançaram um progresso científico e tecnológico ainda desconhecido pela sociedade terrena. A Lei do Progresso também vige nas dimensões fronteiriças da Terra. São dimensões bem semelhantes ao espaço terreno, onde moradias têm que ser construídas, saneamento básico precisa existir; alimentação e vestuário são necessidades fundamentais e devem ser obtidos pelo suor do rosto, porque nesses ambientes espirituais a vida continua dentro de uma organização muito séria, caso contrário os espíritos conviveriam com o caos.

Todo o desenvolvimento que está se expandindo pelo planeta em que habitamos é estimulado pelo Alto, por mentes poderosas que, a serviço do Criador, dilatam os horizontes mentais dos encarnados, estimulando-os ao uso correto da inteligência, que mais cresce quanto mais trabalha e produz.

Os séculos que antecederam a Idade Contemporânea, marcada pelo grande avanço tecnológico e científico, serviram como os alicerces de uma grande construção, que devem suportar o peso de todo o edifício.

O desenvolvimento foi muito lento no princípio, porém nunca deixou de existir. Tijolo por tijolo, degrau por degrau, os emissários de Jesus foram construindo o presente que hoje vivenciamos e julgamos de relevante valor em matéria de evolução. Sabemos, nós que observamos a humanidade terrena de outro ângulo, sob outro prisma, que muito se tem que caminhar, que não atingimos a metade do caminho e somente a vaidade humana nos leva a acreditar em uma situação privilegiada.

Se o caminho é longo, se a jornada por vezes se torna áspera, confiemos na diretriz de Espíritos poderosos que nos conduzem os passos. À frente, como guia soberano caminha Jesus, nosso Mestre, Amigo e Senhor. Estamos seguindo as suas pegadas, perfazendo o caminho que há milhões de anos – não podemos imaginar quantos, porque foge de nossa alçada – esse Espírito maravilhoso e nobre traçou para nós, seus tutelados do planeta Terra.

A nobreza da missão de Jesus é pobremente avaliada por nós, minúsculos seres em evolução. Se não podemos avaliar, se estamos longe de compreender o alcance, pelo menos deveremos ser agradecidos ao grande Mestre que se dignou visitar-nos, um dia, para nos legar uma Boa Nova repleta de alegria e esperança.

9
O Advento do Espiritismo

Acompanhamos, nos capítulos anteriores, a saga de alguns espíritos do bem ao longo de vários séculos, enquanto se preparavam para realizações maiores em suas existências.

Vimo-los na Antiguidade, perseguindo ideais nobres, entrando em contato estreito com a Doutrina Cristã que ainda transpirava certo ar de pureza e encantamento.

Encontramos o mesmo grupo na Idade Média, aperfeiçoando potencialidades na administração rural; outros, ensaiando vôos mais altos rumo à civilização que emergia de um período nebuloso para uma fase de maior lustro intelectual.

No apogeu das grandes navegações – na Idade Moderna –, a mão da Providência Divina os conduziu para os territórios inóspitos do continente americano, onde treinaram a força de vontade e a coragem, colocando em exercício a fé raciocinada que não aceitava os conceitos distorcidos do Evangelho do Senhor.

Nesse Novo Mundo, nossos amigos deram expansão à inteligência e entraram em contato com uma população nativa simples e ingênua, cuja mente intata não fora contaminada pela astuciosa malícia do homem branco.

O aprendizado do grupo continuou em termos brandos, enquanto no continente europeu eram extirpados os resquícios de um período de intransigência religiosa, e a população respirava com maior tranqüilidade.

Entretanto, nova fase de crueldade atingiu o povo europeu partindo da França, país predestinado a levantar a bandeira da igualdade, liberdade e fraternidade, em termos pacíficos. Infelizmente, os homens raramente entendem com precisão os recados do Alto e seguem por atalhos e desvios, maculando os objetivos cristalinos dos propósitos divinos, e deram início à Revolução Francesa.

A Espiritualidade Maior acompanhou os acontecimentos com a atenção que exigiam, mediu as conseqüências e considerou a conveniência de estabelecer no solo planetário uma revolução de cunho espiritualizante. Os homens, cansados das lutas, certamente abririam as portas da mente para uma realidade que propusesse a paz dentro de uma nova perspectiva – a caridade fraterna.

Reencarnou em Lyon, França, em 1804, um espírito missionário, burilado nas lutas travadas pela propagação do Cristianismo autêntico.

Nenhum missionário se fez de um dia para o outro, sem uma experiência milenar dentro da esfera de atuação. Missionário algum vem desacompanhado ao difícil cenário terreno, rude campo de batalha que exige um grau completo de adesão à causa a ser defendida. Acompanham-no uma plêiade de companheiros empolgados pelos mesmos ideais, para que o momento histórico não se perca por injunções fortuitas.

O missionário Hippolyte Léon Denizard Rivail nasceu na França, na vigência do império napoleônico. As mentes estavam mais abertas para acolher as idéias que seriam plantadas por uma nova revelação espiritual, malgrado o clima injustificado de violência que assolou o território europeu.

A obra de Deus não poderia esperar. Era preciso iluminar, uma vez mais, as almas infantis que se perdiam em lutas e discussões, quais crianças imaturas disputando um brinquedo especial.

Nasceu o apóstolo do Espiritismo cercado por almas iluminadas, preparadas para entender, dar suporte e divulgar a Boa Nova do Divino Mestre de forma restaurada, de maneira a atingir as ovelhas infiéis que se desgarraram.

A presença do Senhor seria assinalada pela manifestação maciça de um exército notável de Espíritos redimidos, comandados pelo Espírito de Verdade que seria, ainda uma vez, o precursor de novos tempos para a humanidade terrena.

Como outrora, na Palestina, João Batista admoestou e conclamou o povo a uma nova postura diante da grandeza de um Messias presente, no século XIX o Espírito de Verdade veio para exigir maior fidelidade aos ensinamentos de Jesus, propondo a divulgação das leis divinas a serem explicitadas em obras fundamentais, que viriam a lume na seqüência dos questionamentos esclarecedores de *O Livro dos Espíritos*.

Em que pesem as resistências advindas do predomínio das paixões no comportamento humano, o momento foi considerado propício por Deus, o Criador, e por Jesus, o mentor do nosso planeta. Esperar um pouco mais seria protelar a oportunidade que se propiciaria no século seguinte, de transplantar para a Terra de Santa Cruz a árvore aparentemente frágil do Espiritismo.

Ainda uma vez notamos que almas selecionadas para o grande projeto vieram aclimatar-se em solo brasileiro, enquanto o valoroso missionário se preparava para nova descida à carne para dar continuidade ao plano de cristianização e regeneração do nosso planeta.

O Espiritismo lançou seus fundamentos no solo abençoado da Terra de Santa Cruz e daqui se lançará ao mundo, quando seus filhos, mais equilibrados e mais bem preparados, comprovarem, por meio da vivência cristã, que compreenderam a máxima que nos serve de referência: fora da caridade não há salvação.

Em um país como o nosso, emergente de uma atuação predatória da colonização estrangeira, só a força do amor acolhedor pode fazer florir e produzir frutos a árvore do Cristianismo Redivivo.

Não será o cientificismo, não serão as mentes exclusivamente intelectualizadas que conduzirão a bom termo a Terceira

Revelação. Só a força do amor esclarecido e generoso congregará as almas ao redor de um meigo Pastor, sábio e benevolente, exigente quando se trata da condução à perfeição de nossas potencialidades.

Jesus prometeu o Consolador. O Espírito de Verdade se fez presente e Kardec, o missionário valoroso, em associação com almas determinadas, deu seqüência ao movimento de emancipação espiritual que nos colocará em harmonia com os objetivos do Criador.

Quem quer que se associe a essa novel doutrina deve respeitar seus pressupostos básicos, porém não conclusivos. O Senhor ainda não encontrou terreno apto a receber todas as sementes a serem lançadas, fato que leva a revelação a tornar-se gradual, em uma seqüência lógica conduzida pelo Alto, para que não haja desvios naturais nem desvirtuamentos propositais.

Contradições que à primeira vista possam existir serão estágios intermediários de um Corpo Doutrinário amplo e complexo, que, a exemplo das ciências naturais, não podem ser clarificados de uma só vez.

Recomendam-se prudência aos companheiros de ideal e muita confiança nos mentores que os conduzem e lhes intuem o raciocínio, para que não se percam os frutos que prometem ser magníficos, desde que colhidos no momento certo.

▼

Em uma casa espírita comparecem pessoas que se dizem profitentes de diferentes cultos religiosos, à procura de solução para problemas pessoais, depois que são baldados os esforços junto de profissionais da saúde.

Outras criaturas estão presas nos grilhões da indiferença religiosa, muito comum nos dias atuais. Como as primeiras, essas também procuram o benefício da cura de estranhos males físicos e espirituais. Elas desconhecem que em todos os locais onde os homens se reúnem para uma prece sincera encontrariam os mensageiros de Jesus, prontos para o auxílio fraterno, para o esclarecimento íntimo por meio da intuição, pela recomendação sutil feita por um pregador ou um amigo para que procurem esse ou aquele tratamento médico; enfim, quem procura, encontra; a quem bate, Jesus nunca fechará uma porta.

Quando chegam são acolhidas com caridade fraterna, sem que lhes questione se têm fé ou no que crêem. Os males, quando atingem o corpo somático, já se fizeram presentes no corpo espiritual, que transfere para o veículo físico a energia vital necessária à manutenção da vida. Para que a cura se torne efetiva, é preciso que sejam extirpadas as raízes que se alojam na alma, coisa que nem sempre é viável quando o enfermo automatizou comportamentos que fortalecem a doença.

A reforma dos costumes, dos pensamentos e das posturas se faz fundamental. As recomendações são sempre as mesmas: comportamento dentro do padrão evangélico, recebimento de passes terapêuticos e fluidoterapia.

Constatamos que as pessoas não ficam atentas à mudança de postura quando enfrentam as dificuldades da vida. Muitas vezes comparecem à casa espírita, na seqüência do tratamento, como alguém que, apressado, entra em uma farmácia para apossar-se de uma droga terapêutica, sem a mínima concentração, que no nosso caso faria expandir a aura para absorver melhor os delicados fluidos espirituais.

Em algumas ocasiões, verificamos, com tristeza, que alguns fluidos preciosos se perdem na sala de passe, absorvidos novamente pela atmosfera astral, porque o assistido não estava em condições de recebê-los, tão grande o despreparo e a incompreensão do fenômeno, o que reforça a tese de que os seres humanos precisam ser educados, ser mais bem esclarecidos a respeito dos fundamentos da alma.

Celina, uma senhora assistida em determinada casa espírita, é um exemplo do que acabamos de afirmar. Procurou orientação e a recebeu, dentro do que é de praxe que aconteça em tal situação. O problema era de saúde: muita azia e dores no estômago, espalhando-se para o baixo ventre.

O entrevistador aconselhou uma consulta com médico especializado nessa área, porque a atuação espiritual deve ser complementar, nunca tem o objetivo de substituir a medicina convencional.

Em outros tempos, em regiões empobrecidas do nosso território, os espíritos com muito boa vontade forneciam receituários por meio de médiuns preparados e confiáveis, considerando o grau de pobreza de nossa gente. Atualmente, o sistema público de saúde tem sido muito cobrado no sentido de oferecer um melhor atendimento, e ao Espiritismo não convém competir com médicos nem infringir a legislação, que considera charlatanismo esse tipo de assistência.

De qualquer forma, a assistência espiritual continua abrangente e invisível, e muitas curas são realizadas nas salas de passe sem que médiuns e pacientes tomem conhecimento. Desse modo, não se cria conflito com as leis vigentes e a caridade fraterna continua atuante, curando uns, amenizando o sofrimento de outros, pacificando corações e renovando o ânimo dos abatidos.

Celina foi aconselhada a modificar o temperamento muito forte, predisposto a discussões dentro do lar e no trabalho. Pouca eficácia teriam os remédios – materiais e espirituais –, explicou o entrevistador, se ela não abrandasse os seus ímpetos de cólera que desencadeavam uma ação agressiva da bile nos órgãos internos, com possibilidade de levá-la a uma colite realmente grave, a médio prazo.

Para defender-se ou justificar-se, o que é um hábito do ser humano, ela ponderou:

— Se eu tiver que me anular diante das dificuldades que experimento, da luta que enfrento para que tudo saia perfeito, então, de que me valerá a saúde?

— Não propomos uma anulação de sua personalidade – contemporizou o médium –, mas uma melhor adequação às situações do seu cotidiano. Não adianta bater de frente com a patroa se é ela que determina o que deve ser feito; não adianta falar com rispidez com o marido quando chega em casa mais ou menos alterado na bebida, porque naquele momento ele não terá lucidez para compreendê-la...

— Então, como devo proceder?

— Refletindo, antes da ação. Cumprindo os deveres que o emprego lhe impõe, sem se irritar porque recebe ordens de uma pessoa que você julga despreparada para a função. Espere uma hora mais conveniente e converse calmamente com o marido, com os filhos, e assim por diante. Fuja das discussões prolongadas, que entram pela noite adentro e deixam os filhos ansiosos. Faça uma oração e deixe que os espíritos amigos ajam em seu benefício. Leia o Evangelho para haurir novas e boas energias; receba os passes semanalmente e leve para a casa uma garrafa com água fluidificada. Se você adicionar o tratamento espiritual aos produtos farmacêuticos, a chance de se curar é muito grande!

— Vou tentar – respondeu a mulher, demonstrando na voz uma certa incredulidade.

Celina não ficou convencida da gravidade de seu caso. As cólicas que às vezes a incomodavam foram ficando mais freqüentes, mas ela não admitiu para si mesma que precisava de uma mudança interior. Sentia-se injustiçada pela vida; era uma mulher responsável e trabalhadeira, por que razão haveria de mudar? No seu modo de entender, as outras pessoas do seu convívio é que deveriam se posicionar melhor diante da vida. O marido devia evitar as escapadelas para o bar, os filhos deveriam se preocupar com os deveres escolares e a patroa, em cuja casa ela trabalhava como diarista, devia ser menos intransigente e fazer menos observações ao seu trabalho de limpeza!

Essa forma de pensar de Celina favorecia o desajuste orgânico. O estado permanente de aborrecimento e a contestação constante não deixavam espaço para o relaxamento interior, para o refazimento harmonioso das células. Os centros de força, nesse caso o esplênico o mais prejudicado, incapazes de fazer um movimento uniforme das energias vitais acabavam por desperdiçá-las, prejudicando de forma acentuada o bom funcionamento do organismo. Uma úlcera no duodeno e uma colite aguda foram fatais ao cosmo orgânico da debilitada mulher.

Esse é apenas um dentre os numerosos casos que poderiam ser citados como exemplo do comportamento humano prejudicando a saúde física. Quando insistimos na necessidade de renovação das atitudes, visamos ao bem-estar da criatura, encarnada ou desencarnada, visto que ambas podem adoecer. Para o encarnado, acrescentem-se as complicações do corpo de carne, mas o desencarnado possui também um veículo de expressão – o perispírito –, que pode desequilibrar-se e adoecer, de maneira um tanto diferente, entretanto será sempre um organismo a necessitar de cura.

Hoje podemos expor com maior clareza certas nuanças do corpo espiritual, porque os seres humanos evoluíram bastante no raciocínio lógico e aceitam as novidades quando são expostas com objetividade. Portanto, é preciso que fiquemos atentos a uma constatação: desembarca-se no mundo espiritual na condição em que se vivia aqui; se alegres, saudáveis, otimistas, é assim que se deve chegar do lado de lá. Se deprimidos, revoltados, odientos, com certeza se acorda bem enfermo do outro lado da existência. Não há segredo, não há mistério, a lei divina se cumpre de forma tranqüila, sem abrir exceção.

Na busca da cura para o físico, Celina foi aconselhada a tratar da alma. Toda a amargura que armazenou dentro de si a levou para um leito do hospital e, entre a vida e a morte, ela teve algum lampejo de consciência, tempo útil para que pensasse nas orientações e advertências recebidas. Foram dias longos e dolorosos em um centro de tratamento intensivo, quando o espírito recebia a terapia necessária para o reajuste dos centros de força. O organismo físico, extremamente agredido e debilitado, chegou ao óbito, mas aquela alma pôde ser encaminhada para uma instituição hospitalar de nossa esfera.

A família, entre lágrimas, criticava a falta de eficácia dos tratamentos médico e espiritual. Somente algumas amigas fizeram referência mental ao temperamento doentio de Celina, avesso a qualquer tipo de reconsideração, mas calaram-se porque de nada valeria levantar o questionamento.

Todos desconheceram o esforço que os companheiros espirituais empenharam para que a mulher reconsiderasse o posicionamento diante das circunstâncias; não tomaram conhecimento, também, do auxílio precioso que Celina recebia no Além, onde um tratamento específico a desintoxicava de si mesma, expurgando o veneno do rancor, do ressentimento e da mágoa.

Cada sessão de terapia era acompanhada da ingestão de líqüidos saudáveis, que faziam a assepsia interior da alma, libertando-a das mazelas perturbadoras incrustadas nas fibras sutis do perispírito.

O êxito do tratamento estava acontecendo em uma outra dimensão, mas nem por isso deixava de ser real. Celina melhorava lentamente e teria de conviver, dali para frente, com a culpa de uma encarnação desperdiçada, com a saudade permanente dos familiares que ficaram para trás, até mesmo do marido alcoólatra que teria dificuldades para encaminhar os filhos até a idade adulta.

A assistência espiritual voltou-se, de nossa parte, para a família encarnada. Celina, em melhores condições, implorou aos superiores para auxiliar no encaminhamento dos filhos, mas pouco pode fazer um espírito familiar diante da rebeldia de adolescentes que não receberam orientação religiosa, que só vêem o mundo pela óptica dos prazeres terrenos!

O sofrimento dessa mãe é maior agora que adentrou o mundo espiritual. Entendemos que seria mais feliz ao lado dos familiares, comungando com eles todos os momentos, bons e maus, discutindo, analisando e tirando conclusões úteis para a vida, sofrendo como todas as mães que desejam o melhor para a prole, mas que se alegram com as coisas pequenas do cotidiano: a conquista de um diploma, o primeiro namorado da filha, o primeiro emprego do mais velho, a chegada de um netinho, a compra de um carro novo...

Celina queimou todas essas etapas e voltou ao mundo espiritual como uma suicida – suicídio de forma indireta, mas sempre suicídio!

É uma história triste a que relatamos, mas é tão comum esse acontecimento que julgamos válido alertar, mostrar com clareza de idéias e palavras o que de bom oferece a vida terrena, mesmo quando o ser encarnado está privado da saúde plena, dos movimentos perfeitos, do funcionamento integral dos sentidos físicos. Mutilados, deformados, deficientes mentais, sempre encontrarão no mundo um motivo para sorrir, para superar as próprias deficiências e se realizar como seres humanos. Ademais, como o tempo de passagem por aqui é breve, ressaltemos sempre a felicidade futura que aguarda o espírito que cumpriu satisfatoriamente as suas obrigações no plano físico. Nada se compara ao gozo de uma consciência tranqüila!

Paula, a esquizofrênica, é outro exemplo que desejamos citar. Veio ao mundo em uma família muito pobre, desprovida dos recursos necessários para realizar, pela filha, um tratamento psiquiátrico que a livrasse das terríveis crises de ansiedade e depressão. Foi genericamente tratada como esquizofrênica. Pela família era considerada um fardo a mais a ser carregado, não por falta de afeto, mas pelo excesso de pobreza.

Aos 15 anos de idade, foi prometida em casamento a um senhor maduro que se encantou com os dotes físicos da adolescente. De fato, Paula era muito bonita. Quando estava no período de controle da enfermidade, mostrava-se sorridente e graciosa. Foi em um dia assim, momento raro de alegria, que ela se fez conhecer pelo senhor Antunes, e o amor brotou repentinamente no coração dos dois. Coisa do destino – disseram os pais, em um misto de alegria e de surpresa.

— Como um senhor tão distinto pode se interessar pela nossa filha, uma jovem que nos dá tanto problema quando se irrita e se tranca no quarto, fugindo de tudo e de todos? – perguntou o pai à esposa, senhora Marta.

— Deixa pra lá, Cícero, coisa boa a gente não questiona. Se eles se gostam, que se casem e sejam felizes.

— Mas ela é uma pessoa doente, Marta. Quando ele se der conta disso, haverá de trazê-la de volta, talvez até com um filho no ventre.

— Deus nos livre e guarde, marido. Se não temos condição de dar à nossa filha um bom tratamento, o que faríamos com uma boca a mais para alimentar? – observou a mãe, preocupada.

— Vou chamar o Antunes para uma conversa franca. Não vou esconder o estado mental de Paula, para que ele não venha a acusar-nos de alguma coisa, no futuro – falou o marido, com decisão.

Antunes era uma pessoa de posses, com algum conhecimento no campo da saúde mental. Percebeu que a garota não era uma "louca varrida", como a designavam alguns moradores do lugarejo nordestino. Ele a amou desde que a viu pela primeira vez, em um passeio turístico que fizera a uma praia maravilhosa. Lá estava a sua musa, com os cabelos balançando ao vento, pés descalços chutando a areia, correndo, feliz como uma gaivota deslizando sobre a água.

Essa imagem o acompanhou por alguns dias, até que ele criou coragem para se aproximar da família da adolescente. Naquele lugar, o respeito aos valores familiares era regra a se obedecer.

O senhor Cícero cumpriu o que prometeu à mulher: expôs as dificuldades do comportamento estranho de Paula, suas crises de alegria intercaladas com extrema tristeza, os remédios fortes que eram receitados no posto de saúde local.

Antunes não se sentiu intimidado, o que não era de se estranhar, porque os amantes nunca enxergam os defeitos do ser amado enquanto estão apaixonados. Somente quando a chama inquietante se apaga, é que os pequenos defeitos tomam proporções gigantescas, bem maiores do que na realidade são.

O casamento foi marcado e realizado em tempo recorde, suficiente para que corressem os proclamas exigidos pela lei. Em poucas semanas, o casal embarcava em lua-de-mel para uma cidade grande do sul do país.

Estranhamente para alguns, a saúde de Paula melhorou de forma espetacular. O carinho do esposo, a vida confortável que ele podia proporcionar deixavam a esposa, ainda adolescente, alegre e feliz.

Antunes percebeu que a mulher não tivera oportunidade de completar os estudos e se empenhou para que concluísse o curso ginasial. Outras oportunidades de estudar ela haveria de ter – pensava consigo mesmo o fisioterapeuta – antes de uma desejável gravidez.

Por carta, Paula dava conta aos pais de seus sucessos. Não falou em crises, porque suas referências só diziam respeito a alegrias. Estudava, passeava com o marido, gerenciava a organização da casa auxiliada por duas empregadas. Só lhe sobrava tempo para ser feliz.

O que teria acontecido na vida dessa adolescente, que mudou de perfil psicológico tão logo conheceu o futuro marido? Dela, que os pais consideravam uma cruz a ser carregada, um fardo que Deus lhes teria colocado no caminho?

A explicação é toda de ordem espiritual. Paula, desde a infância, vivia assediada por um espírito inimigo, uma entidade do sexo feminino que destilava sobre a garota os fluidos venenosos do rancor. Nesses momentos, ela tornava-se agressiva, quase violenta, para em seguida entrar em estado depressivo, trancando-se no quarto e evitando a companhia de qualquer pessoa. Esses altos e baixos do comportamento levaram os médicos do local a considerá-la uma portadora de transtornos emocionais – o que, em tese, era verdade.

Os medicamentos receitados, longe de aliviar o sofrimento, mais a prejudicavam. Ela se tornava sonolenta, desligada do mundo ao redor e deixava de freqüentar a escola, atrasando-se na escolaridade e ficando mais infeliz por causa disso. Era um círculo vicioso, do qual a menina saía por curtos períodos, quando os pais, devotos de Maria Santíssima, faziam novenas de orações suplicando pela saúde da filha.

Entidades espirituais benevolentes compareciam ao lar e retiravam de lá o espírito vingador, propondo uma pausa para conversa. Como nada se obriga de nossa parte – e dizemos nossa porque os Espíritos do Bem não têm fronteiras nem enxergam na religião uma barreira –, o obsessor dava uma trégua, para se arrepender em seguida e retornar à agressão. O que parecia um transtorno bipolar do comportamento era provocado pelo assédio vigoroso de um espírito vingador, que desejava maltratá-la para, como conseqüência, conduzi-la à morte.

A doutrinação se fez em nosso plano. Doutor Bezerra, o amorável espírito, conduziu o raciocínio da entidade vingadora por caminhos que nunca imaginara percorrer. Ela foi submetida a uma regressão de memória na qual se via como uma prostituta malsinando a vida de esposas desvalidas, condenando ao abandono crianças que se tornaram órfãs de pais vivos, conquistando por dinheiro, e não por afeto, homens com a mente voltada para o sexo inconseqüente. Alguns se arrependeram e retornaram ao lar, empobrecidos e infelizes. Outros, envergonhados, seguiram o seu caminho.

O bondoso médico não utilizou de muitas palavras, porque não é de seu feitio e porque uma imagem vale muito mais. A entidade que se julgava uma vítima inocente, com o direito de punir alguém até as últimas conseqüências, envergonhou-se da situação e prometeu afastar-se.

Nesse período de calmaria, apareceu Antunes, homem honesto e possuidor de valores morais. Ele olhou para a jovem obsidiada com os olhos da alma e "reconheceu", na humilde garota nordestina, uma antiga companheira do passado, por quem se apaixonou de imediato. O tratamento amoroso que lhe dispensou liberou-a de vez dos resquícios do desequilíbrio anterior.

Em pouco tempo ela estaria curada. Um dia se tornaria mãe e em seu colo materno aconchegaria uma criança de temperamento difícil, com o sistema nervoso abalado, necessitada de cuidados especiais. Os familiares se refeririam a possível herança genética, visto que a mãe passara por situação semelhante.

O caso era diferente, ou melhor, a causa era diferente. Paula era um espírito saudável, com necessidade de pequenos reajustes diante da lei divina. A filha, que se chamaria Maria, era devedora da lei de diferentes maneiras: trazia do passado uma vivência comprometedora, acrescida dos anos de perseguição em que se estressou demasiadamente projetando uma vingança. Os males físicos e emocionais eram devidos a si mesma, aos seus atos de insensatez. A cura viria com o tempo, com a aplicação do carinho familiar e do estímulo para progredir.

Nos ambientes espíritas, quando se faz a doutrinação de um espírito que se diz um vingador, um justiceiro, tentamos fazê-lo compreender o grande mal que está fazendo a si mesmo. Não importa saber se a vítima da obsessão é inocente ou devedora diante da lei, ao que visamos de fato é a saúde mental da entidade que não sabe perdoar, e só se prejudicará ao demorar-se muito tempo nessa vingança.

O perdão é a melhor saída para a pessoa ofendida. O ofensor sempre terá de se reajustar perante a consciência e as leis divinas. Nada há escondido que não fique às claras, não cai uma folha da árvore sem que o Criador permita.

Nas tarefas de desobsessão, procura-se lançar o véu do esquecimento sobre as ofensas recebidas pelo irmão revoltado, porém é certo que a ofensa clama por justiça e, mais cedo ou mais tarde, quem ofendeu terá de retratar-se, seja de que forma for. Uma maneira é a incorporação no seio familiar. Por isso tantos atritos, tantas ofensas, discussões e divergências entre alguns parentes.

Um lar pacífico, harmonioso, onde as pessoas convivem amorosamente, é uma bênção que, infelizmente, bem poucos merecem, porque há muitos acertos a serem feitos com o passado, dívidas a serem saldadas, feridas por cicatrizar. Todo caminho tortuoso terá de se tornar reto.

Muitas lesões estranhas no corpo físico refletem uma anomalia do perispírito, corpo muito sutil que se deixa lesar sob a ação das fortes emoções. A recomendação de paz e equilíbrio interior visa à saúde física e mental. Observação, essa, válida também para os irmãos desencarnados que nos procuram, pedindo explicações para males que julgavam tivessem permanecido no corpo de carne, quando esse foi para a sepultura.

Não entendem alguns, muitos irmãos, companheiros de atividades espíritas, como podem sentir no além-túmulo sensações tidas como exclusivamente físicas, como o apelo para o sexo, a vontade de beber, de fumar, de alimentar-se com determinado tipo de alimento. Pensavam que, ao acordar no mundo espiritual, estivessem despojados de qualquer influência orgânica; estavam esquecidos ou desconheciam que o corpo espiritual possui órgãos equivalentes aos físicos, que podem ser lesados e viciados, também.

Essa é a tortura dos dependentes químicos, que quase enlouquecem pela abstinência do produto e voltam para o mundo físico à procura de aspirar, pelo menos, os fluidos que emanam do álcool, da cocaína, da maconha, do tabaco e outras drogas... Se viveram viciados no sexo desvairado, também sentirão falta e procurarão companhias que os possam satisfazer, no plano físico ou nos submundos espirituais.

O sexo é uma força energética da alma; não pode ser menosprezado sem cobrar, do infrator, um preço muito elevado. Como energia espiritual, ele acompanha o ser humano para o mundo espiritual, onde pode ser exercido com tranqüilidade e respeito, dentro das exigências individuais. À medida que o espírito se depura, essa energia vai se sublimando, não necessitando se expressar pelo contato íntimo dos corpos, realidade que não está ao alcance da maioria dos habitantes terrenos, encarnados e desencarnados.

Durante séculos, as religiões trataram o sexo como tabu, como uma transgressão aos propósitos do Criador. Grande engano, que provocou muito sentimento de culpa e levou numerosas almas aos confessionários; pessoas que se confessavam e continuavam a praticá-lo, porque é inerente à natureza humana, não depende da força de vontade, mas da condição íntima do espírito.

O sexo é força criadora. Praticá-lo com a devida consideração ao parceiro é permutar um magnetismo precioso que enriquece o cosmo orgânico, felicita o coração, dá alegria e inspiração. Por que desperdiçar esse conteúdo tão rico de bênçãos divinas? Por que banalizá-lo a ponto de convertê-lo em um passatempo irresponsável, em um brinquedo nas mãos de crianças ignorantes?

A educação dos espíritos terrenos terá de contemplar, com urgência, uma educação sexual, para que os horrores das doenças sexualmente transmissíveis não se transformem em descontrolada epidemia; para que as crianças não cheguem ao mundo em uma má hora e se tornem um fardo indesejável para os avós que não desejam criar netos, filhos de filhos adolescentes.

O sexo, como força sublime da alma, tem sido aviltado pela humanidade, que nele ainda não percebeu o real valor. Pode ser praticado na terra como no além, porque os espíritos também se buscam para complementação magnética. A engrenagem sexual é muito complexa e não culmina com o orgasmo, mas se irradia e expande as energias para as engrenagens extrafísicas, isto é, os corpos espirituais.

No ato sexual violento, movido tão-somente pelos apelos do instinto, a irradiação magnética se torna anômala e compromete o mecanismo delicado do centro de força genésico. A persistir esse estado de desvirtuamento, o ser humano se ressente em toda a esfera psíquica, visto que a diversidade dos centros de força concorre para a unicidade, que produz harmonia íntima. Melhor explicando, quando um chacra se desestabiliza, todos os outros sofrem a agressão que o organismo perispiritual registra.

Enfermidades nessa área são efeitos desastrosos do sexo praticado sem carinho, sem envolvimento pessoal, sem respeito ao parceiro. As energias suscitadas, não tendo uma direção a seguir, ficam estagnadas, como um grande rio que tivesse o curso represado. A força das águas em descontrole compara-se ao sexo desregrado que, como um caudal volumoso, ultrapassa barreiras inundando terrenos vizinhos que são danificados.

Entende-se muito pouco sobre o sexo, na atualidade. Ele tem sido considerado fonte de prazer egoístico; nos seres desajustados, que sofrem fortes pressões internas, ele é uma válvula de escape perigosa. Sem o autocontrole que caracteriza o ser racional, pode-se ferir e matar em busca do prazer passageiro, que nunca fica saciado; quanto mais é praticado, mais conduz à exaustão e ao desajuste.

Um tratamento psicológico é necessário quando os desacertos na área íntima se manifestam. Um suporte espiritual é de suma valia para auxiliar a alma enferma a se reajustar.

▼

Maria, a filha de Paula e Antunes, era uma criança de aspecto físico saudável, que trazia problemas no psiquismo. Alimentar o ódio durante período prolongado, fixar-se na mente de Paula para torturá-la intimamente fez muito mal a ela própria. Quem planta o mal, colherá certamente o mal que plantou, de uma forma ou de outra, sem que necessariamente saiba por que aconteceu.

O exercício da justiça divina é infalível, não tem pressa, porque a pressa é característica humana e diz respeito a um estado de ansiedade que não deve ser atribuído a Deus. No tempo certo, tudo terá de estar corrigido, independentemente da ação da "justiça" humana que comete mais erros do que acertos, neste estágio de compreensão imperfeita da sociedade sobre o que é certo e o que é errado.

A sociedade tem muito que evoluir no sentido de absorver os valores éticos e morais que regem o Cosmos.

Analisando as diversas culturas terrenas, percebemos quanto diferem entre si nas leis que estabelecem o que os habitantes podem, ou não devem fazer. Diferenças culturais determinam o padrão de vida de um povo, seus objetivos, anseios e previsões para o futuro; objetivos, na maioria das vezes, embasados em termos materiais, que não logram aspirar ao espiritual porque o desconhecem, porque não têm fundamento na mensagem evangélica de que outro mundo nos aguarda depois desta romagem terrena. Diferente é o exemplo de Jesus, tomado de profunda consciência ao proferir que seu reino não era este mundo!

Maria, a ex-obsessora de Paula, convertida em filha do casal, recebia a sua cota de sofrimento como retorno do sofrimento causado ao próximo. Ao assumir o papel de justiceira, quase levou à loucura a jovem que no momento a carrega no colo, que a alimenta com carinho e cuida com desvelo de suas necessidades básicas. Se havia uma dívida a saldar, com certeza Paula está fazendo o pagamento, com louvor. Maria vai carregar consigo o estigma de criança-problema e terá dificuldades de adaptação escolar, que deverá superar com esforço. Os pais, atenciosos, e os irmãos que virão enriquecer a família lhe darão a força de que precisa para libertar-se dos transtornos psicológicos.

Acrescentamos ao histórico de Maria um comprometimento na área sexual, resultante dos atos praticados durante a vivência como prostituta. Por oferecer prazer em troca de regalias financeiras, desvirtuou a função sexual e, quando desencarnada, sofreu as conseqüências dessa viciação.

Perambulou por regiões sombrias onde se aglomeravam espíritos que buscavam a satisfação de um instinto difícil de ser satisfeito. Permaneceu nesse ambiente por tempo indeterminado, até receber o benefício de um tratamento em instituição especializada, com o fim de desintoxicar-se de si mesma. Não é fácil a reabilitação de quem se deixou arrastar por impulsos doentios. É premente uma terapia, tanto na esfera dos encarnados quanto na dos desencarnados.

Maria só amou verdadeiramente uma vez, um rapaz que rejeitou os seus encantos porque a enxergou como uma prostituta imoral e indigna de formar, com ele, um lar honrado. Na ocasião, optou por Paula, dando origem ao ódio de Maria contra a jovem honesta reencarnada. Esse rapaz é Antunes, que se mantém fiel aos sentimentos que sempre nutriu pela esposa.

Na condição de pais extremados, o casal se empenhará no equilíbrio emocional da filha. Ela demonstrará apego maior ao pai, poderá sentir um lampejo de ciúme, mas, com uma boa educação, saberá honrar e respeitar a mãe até o momento em que aflore o amor.

Algum sofrimento existirá no percurso dessa alma. Sofrimento até certo ponto voluntário, que ela provocou por ignorância e negligência aos preceitos morais.

A sociedade impõe leis que regulamentam o comportamento de seus membros, visando ao bem comum. Leis imperfeitas, elaboradas por homens imperfeitos, tendem a colocar ordem no domicílio terreno. Se obedecidas, a vida social transcorrerá com maior harmonia, cada qual desempenhando um papel específico de importante valor para o equilíbrio do todo.

Quando uma lei é transgredida, todos sofrem, uns mais, outros menos, mas o conjunto se ressente. Por isso a ordem deve prevalecer, tanto no mundo físico como nos planos espirituais onde se reúnem pessoas fora do corpo, com qualidades, vícios e virtudes, porque a desencarnação não conduz a uma transformação radical, de imediato. Somente com o passar do tempo e a aplicação de atitudes educativas, é que os espíritos reformulam os valores e os costumes, ao compreender o código de ética que rege o Universo: não fazer ao outro o que não deseja para si mesmo. Há aqueles que se recusam a aprender...

Deus, o Criador, não pode ser comparado a um ente paternalista que age de acordo com a situação, privilegiando alguns em detrimento de outros. Suas leis severas são imutáveis. Não haveria como abrir exceções sem que se estabelecesse a desordem nas relações.

Em todos os planos do Universo, sentimos o reflexo da "mão" de Deus, de sua mente poderosa que tudo sustenta com a força do Amor. Amor que sabe restringir, tanto quanto alargar e estender, o horizonte humano, na dependência da adesão dos homens aos divinos projetos.

Jesus nos advertiu que o mal praticado ao próximo recairia sobre nós mesmos, no presente ou no futuro. O Espiritismo abre-nos os olhos para a Lei de Ação e Reação, explicando que colheremos alhures o que for plantado aqui. O mal que for semeado enquanto estagiamos no corpo de carne são espinhos cravados no corpo espiritual, que continuarão a provocar dor e sofrimento enquanto não forem retirados. Libertamo-nos desses espinhos por uma ação contrária, fazendo o caminho de volta, recolocando no lugar o que foi tirado indevidamente, transformando as energias negativas em uma corrente de energia saudável e restauradora.

A sabedoria do Altíssimo se expressa de forma abrangente, conduzindo todas as criaturas a um plano de felicidade interior popularmente identificado como "paraíso". A fuga da lei lança os filhos no "inferno" interior, onde reina a desarmonia, dando-lhes a sensação de padecimento eterno...

Retomar o caminho do bem é a saída salvadora para todas as almas. Por mais que lutem e oponham resistência à retificação proposta pelas leis divinas, um dia terão de ceder. Não há como lutar indefinidamente contra os desígnios superiores. Cedo ou tarde, após longo ou breve sofrimento, encontrarão o caminho do reajuste pessoal.

⁂

Maria, desde a primeira infância, não exteriorizava sinais de felicidade, apesar de todo o conforto. O universo íntimo estava contaminado, estabelecendo um contraste sensível com o exterior. O psiquismo alternava-se em manifestações de euforia e depressão, alarmando os professores da escola infantil, despreparados para a inclusão de crianças com dificuldades entre a clientela.

Um psicólogo foi incluído no tratamento que seria prolongado. A chegada da adolescência seria um momento crucial para a eclosão dos antigos desajustes, em que pese a boa orientação que a menina recebia dos pais, no seio de uma família que abrigava mais três irmãos.

À noite, no desdobramento provocado pelo sono, Maria era procurada pelos amantes do passado e conduzida a sítios estranhos, onde se satisfazia sexualmente com antigos companheiros, transformados em carrascos que seviciam a vítima até a exaustão.

Acordava, sobressaltava, sem guardar lembrança nítida das ocorrências que ficavam fortemente registradas no subconsciente, como vivências perturbadoras que culminavam por prostrá-la na depressão.

A medicina espiritual seria a única fonte de esclarecimento e controle da situação. Os remédios receitados para as funções cerebrais roçavam o problema superficialmente, amenizando efeitos agressivos, mas nunca chegariam às raízes profundas que se fincavam na alma.

Os antigos companheiros vinham buscá-la por diferentes motivos: alguns porque mantinham as recordações das noites de volúpia, regadas a vinho e champanhe; outros queriam castigá-la, não admitiam que encontrasse a paz uma mulher que alimentou os vícios da masculinidade, que exacerbou o que de pior existia dentro deles – uma sexualidade beirando a animalidade. Sentimentos afetivos de verdade não se encontravam entre eles, visto que o afeto verdadeiro liberta as almas, não as torna prisioneiras nem faz cobranças.

Residentes em um centro urbano onde o Espiritismo lançara raízes sólidas, Paula e Antunes procuraram um aconselhamento fraterno em determinado núcleo espiritista. A orientação chegou com precisão, omitindo-se informações inadequadas, como o processo de vampirização que a garota sofria durante a noite. A médium que os atendeu lembrou a necessidade da prece em família, em determinados dias da semana, dos passes que a adolescente deveria receber e da água fluidificada que deveria estar sempre no criado-mudo.

Quando acordasse, sobressaltada, a mãe ofereceria a água e fariam ambas uma oração, pedindo aos benfeitores espirituais uma solução urgente para o problema.

A cada prece, semana após semana, Maria ficava mais calma e os fenômenos depressivos tornaram-se menos freqüentes. Com essa trégua a menina se recuperava, física e emocionalmente, enquanto na casa espírita se desdobravam os trabalhos de desobsessão.

O reduto onde residiam os espíritos debochados que perturbavam Maria teria que ser visitado por uma equipe espiritual de grande porte, da qual participariam entidades valorosas sob o comando da Mãe de Jesus, aos cuidados do amoroso médico dos pobres, Bezerra de Menezes.

▶▶▶

10

Bezerra de Menezes

Adolfo Bezerra de Menezes Cavalcanti nasceu no Ceará, em 1831, e desencarnou no Rio de Janeiro em 1900. Foi o enviado de Jesus ao plano terreno para fortalecer, no território brasileiro, a árvore do Espiritismo que Kardec faria nascer na França, em 1857, com a edição de *O Livro dos Espíritos*.

No momento certo, essa alma iluminada aderiu ao Espiritismo nascente e ao lado de companheiros, também iluminados, batalhou para que a luz tênue da Terceira Revelação resplandecesse no solo pátrio de forma firme, pura e consistente.

Após a desencarnação, doutor Bezerra tornou-se um defensor ardoroso das verdades emancipadoras da alma que a Doutrina Espírita divulga. Com inesgotável cabedal de amor fraterno, ele continua na ativa, auxiliando, estimulando, alertando e curando os enfermos, da alma e do corpo. Solicitar a atenção de Bezerra de Menezes é garantir uma intervenção espiritual benéfica. Ele tem como colaboradores uma falange numerosa de espíritos fraternos, que agem e socorrem em seu nome, sem se preocupar em sair do anonimato.

No caso de Maria, foi constatado que ela era apenas uma, dentre as numerosas vítimas encarnadas que esses irmãos "seqüestravam" e vampirizavam de forma doentia, em uma situação em que os infortunados não sabiam como se defender. É correto pensar que os encarnados que sofrem esse processo obsessivo tenham alguma ligação com os obsessores, alguma afinidade que os une e possibilita o assédio.

Uma consciência carregada de culpa e de tendências não resolvidas é suficiente para estabelecer estímulos de atração magnética, difíceis de ser eliminados. Um dos objetivos da encarnação é exatamente o de romper os elos da corrente que prende o "novo" homem renascido ao homem "velho" do passado, possibilitando uma postura diferenciada, que construa em si e ao redor uma realidade nova, mais pura, mais correta, mais perfeita.

Reencarnar e permanecer do mesmo tamanho tem sido uma constante na vida das pessoas, que precisam tomar consciência de que a passagem pela crosta terrena visa à solução de problemas e aquisição de valores enobrecidos.

No plano físico, as situações foram geradas; ali todos terão oportunidade de corrigir os erros, acentuar as qualidades, desenvolver o raciocínio e a inteligência.

Egresso do reino animal por onde passou, o ser humano precisa subir os degraus da evolução, sem sofrer muitas quedas ou retrocessos, sem questionamentos infundados, sem ficar parado no meio do caminho. O princípio inteligente que nos comanda o Ser carece de expansão; esta ocorrerá nos mundos físico e espiritual, onde colherá experiências notáveis para o seu desenvolvimento.

Ao lutar contra a diretriz evolutiva traçada pelo Criador, o ser se avilta e pode regredir a formas primitivas, em que não mais se expressa com uma organização física bem elaborada, mas se encolhe, reduz-se, como um nascituro que retornasse à primitiva forma do embrião.

Essas revelações estão fundamentadas nas obras básicas da Doutrina, que se expandem sob a orientação do Alto, por meio da mediunidade consciente e responsável.

A luta contra a acomodação humana é milenar. Espíritos mais conscientes unem-se aos encarnados, estimulando-os ao progresso. Todo talento, quando não desenvolvido, se perderá. Todo fruto, quando não colhido a tempo, perderá o sabor.

A deformação no corpo espiritual (veículo de expressão do Espírito) não é sinal de perda das conquistas efetivas, as quais poderão se manifestar por conta do corpo mental, dentro das limitações que a si mesmo impôs quando transgrediu as leis divinas. Com a aplicação de terapias restauradoras, ele readquire a forma e continua o trajeto evolutivo, cujo ápice Jesus sintetizou em uma simples palavra: a perfeição.

A equipe do doutor Bezerra adentrou o recinto onde os espíritos perturbados agiam. Era um ambiente degradado, em condição precária de higiene, uma versão aviltada das favelas conhecidas.

Seres semiconscientes perambulavam pelas vielas, ociosos, sem rumo certo, quase desnudos. Aqui e ali uma choupana com péssima aparência, distribuídos os casebres de forma irregular, o que denotava pouca ou nenhuma preocupação com aspectos de urbanização.

Homens e mulheres, de aparência imbecilizada, praticavam o sexo a céu aberto, despreocupados com qualquer postura ética. Não havia compromisso com a moral, com o respeito humano, com as convenções sociais. O abuso era total. As emanações viciosas tornavam o ambiente pestilento, repleto de vibriões psíquicos altamente contagiosos. Por esse motivo, a tarefa foi entregue a tarefeiros especializados que se colocariam a salvo de qualquer influência perniciosa.

Caminhando aos pares para não levantar suspeitas, portando jaleco branco e padiolas, eram considerados médicos e enfermeiros – o que realmente eram – e tinham o acesso liberado. Havia muitos doentes entre eles, acamados, em total prostração, enquanto outros, de aparência degradada, quase se arrastavam, exibindo os volumosos órgãos sexuais.

Não houve dificuldade em contatar o falso líder do grupo e propor um auxílio médico que foi aceito de imediato, desde que não violentassem a vontade de ninguém. Quem quisesse sair que o fizesse de livre e espontânea vontade.

Recolhidos pelos padioleiros, os irmãos eram conduzidos às ambulâncias, enquanto um mentor maior buscava convencer o chefe – Afrânio – a mudar o rumo da comunidade, em nome da saúde e do equilíbrio. Contrafeito, o líder respondeu:

— Estamos bem do jeito que somos. Vivemos mais ou menos como os animais, mas o que tem isso de errado? Não fazemos mal a ninguém.

— Interferem no livre-arbítrio de quem já se cansou desse tipo de vida.

— Ah, refere-se aos encarnados com os quais nos divertimos? Mas eles gostam. Vejam as revistas de nudismo, os filmes de sexo explícito com os quais se deleitam! São essas pessoas, homens e mulheres, que nós procuramos à noite para nossa diversão. Se eles se expõem sem nenhuma cerimônia na sociedade terrena, por que não fazer o mesmo ao nosso lado?

— Eles estão encarnados para progredir, Afrânio, não para repetir os erros do passado.

— Pois digam isso para eles! Muitos chegam aqui sozinhos, sem nossa interferência, movidos pela excitação sexual de baixo teor vibratório. Eles vêm à procura de prazer e nós oferecemos o que de melhor sabemos fazer: sexo sem restrição!

— Nós tentamos, irmão, esclarecer os espíritos encarnados, que se rendem à solicitação para o mal! Se eles já se complicam sozinhos, por que vocês ainda os sobrecarregam com os fluidos tóxicos do sexo doentio?

— Vivemos o prazer pelo prazer, sem as castrações que as religiões nos impuseram – respondeu o líder, enfaticamente.

— As religiões, Afrânio, mesmo de forma deficiente, trabalham para o bem da alma humana. Olhe ao seu redor; veja quantos seres deformados, mutilados, rastejantes, dementados.

Você se sente feliz no comando de um grupo de estropiados? Há quanto tempo não se olha no espelho? Não usa uma roupa alinhada? Não penteia os cabelos e higieniza os dentes? Os resquícios de humanidade estão se apagando em você. Em breve...

— Não – gritou o líder – não fale isso! Não serei um desses ovóides rastejantes. Tenho cérebro, meu caro, embora não tenha todos os seus argumentos. Sei pensar e desejar.

— Isso eles também sabem. Eles pensam porque são seres pensantes, no momento desprovidos de uma forma exterior condizente com a raça humana. Desejar, eles também desejam, mesmo sem força para efetuar conquistas. Por que continuar nesse caminho autodestrutivo, você que demonstra certo nível de inteligência?

— Eles sairão dessa situação? – perguntou Afrânio, de maneira a revelar certa preocupação.

— Depois de uma lenta e progressiva recuperação em nosso plano, serão encaminhados para encarnações reparadoras.

— Como deficientes?!

— Do corpo e do espírito. Terão de reconstruir o instrumento maravilhoso que Deus criou para abrigar a centelha espiritual.

— Se eu os acompanhar espontaneamente, como poderei satisfazer à compulsão sexual?

— Corrigindo: combater a compulsão sexual, visto que se trata de uma enfermidade. Você e os outros serão tratados por especialistas e terão de colaborar com um apoio firme da vontade.

Afrânio não era uma entidade violenta. Estava a um pequeno passo de sério comprometimento no corpo espiritual. Havia indícios da presença de corpúsculos de tamanho reduzido parasitando-lhe os órgãos sexuais que se apresentavam intumescidos, e que passaram despercebidos à sua negligente observação. No hospital, eles seriam recolhidos, cuidadosamente, e colocados em ambientes especiais, na companhia de outros tantos que foram transportados separadamente.

A maior parte da comunidade era portadora do vírus HIV e saiu dali diretamente para hospitais credenciados. Alguns, dentre os mais fortes, optaram por ficar e para esses foi agendada uma série de visitas médicas.

Doutor Bezerra orientava os socorristas para que deixassem uma porta aberta para o retorno da equipe em outras oportunidades. O bem se faria presente de forma indireta, imperceptível, até que os irmãos adquirissem maior domínio sobre a realidade e desejassem, por si mesmos, o tratamento. Uma palavra boa, um aconselhamento, em seguida, sem o propósito de julgar ou humilhar, estabeleceram um vínculo fraterno entre médicos e enfermos, de forma que as portas jamais se fechariam à influência do bondoso médico.

Os espíritos que desencarnam com o chacra genésico em grande desequilíbrio aportam no mundo espiritual necessitados de socorro urgente, para que não voltem ao mundo dos encarnados para vampirizar-lhes as energias. A equipe do doutor Bezerra abraçou essa frente de trabalho com determinação. O conhecimento, associado aos bons sentimentos, pode levantar o ânimo desses irmãos, abrindo-lhes uma perspectiva no caminho difícil da elevação moral.

São agressivos quando se aglomeram em núcleos de perversão e afirmam sentir-se plenamente satisfeitos com o estado de degradação, mas no fundo são almas frágeis, mais vítimas de suas fraquezas do que algozes. Não conseguem sair do emaranhado de emoções que criaram e procuram induzir outros para a mesma situação.

Os encarnados incautos, que desconhecem o significado do sexo para a reenergização do espírito, ao aderir aos modismos que apregoam o sexo livre e o nudismo como estimuladores do apetite sexual, de forma inconsciente e inconseqüente se ligam, pelo pensamento, a esses irmãos de outra dimensão, do outro lado da vida. Essa ligação fortalece os lados sombrios da personalidade humana, reforça os elos da corrente do mal que insiste em perdurar, após milhares de avisos e esclarecimentos.

▼

Afrânio foi recolhido a uma instituição psiquiátrica para que fossem retirados e tratados os corpúsculos que o vampirizavam. Ele, que se julgava um agente, colocou-se na condição de vítima. As energias que recebia eram desviadas para seus "apêndices", que precisavam nutrir-se, de uma ou de outra forma.

Após o ato cirúrgico que o libertou dos estranhos hóspedes, foi recolhido ao leito para higienização e tratamento. Sua mente estava transtornada, mas era possuidor da forma física, embora degradada com tumorações espalhadas e máculas que o tempo e as energias vigorosas aplicadas pelos seareiros de Jesus corrigiriam.

Foi um lento ressurgir para a completa sanidade. Lembramos que é mais sábio prevenir do que curar, e Afrânio sentiria essa verdade na própria pele. Para completar o quadro de sofrimento, haveria o insistente apelo de um centro de força descontrolado.

Remédios existem no mundo espiritual, mas a cura exige aplicação da vontade no sentido contrário às tendências desvirtuadas. Afrânio levaria anos para consertar o universo afetivo, para poder ligar-se a uma companheira que o complementasse nessa área. Entendemos que a abstinência sexual não pode se dilatar indefinidamente para um espírito não sublimado, necessitado do contato íntimo para descarregar e receber energias.

Reiteramos o que temos afirmado sobre o sexo no mundo dos espíritos, povoado de homens e mulheres desprovidos de corpo físico, com necessidades relativas com o grau de evolução. O exercício do sexo não é um ato pecaminoso. Pelo contrário, é um ato sagrado que permite a reprodução da forma e estabiliza as emoções, daí a constante advertência para que não sejam malbaratadas as energias que manipula, porque o sexo é fonte de vida em todos os sentidos.

Afrânio recebeu uma severa lição que o fez modificar-se interiormente. À medida que se desintoxicava, relatava para o terapeuta alguns atos libidinosos que o seu grupo inspirava aos encarnados e, conjuntamente, praticavam. Freqüentavam antros de prostituição, adulta e infantil, induzindo-os a atos de quase selvageria contra meninos e meninas, adolescentes e jovens, atemorizados diante de adultos ou seduzidos por recompensas. Religiosos de todas as facções – clérigos, pastores, médiuns, rabinos – eram estimulados de forma insistente até serem esgotadas as resistências morais, com a finalidade de provocar escândalos no seio da sociedade.

— Só resistiam – completava Afrânio – os que tinham força de caráter e apelavam para o poder da oração.

Doutor Teófilo, um dos terapeutas que se fez amigo, interpelou-o em certa ocasião:

— Você se recorda, Afrânio, de algum caso envolvendo um desses religiosos para nos detalhar?

— De vários – respondeu prontamente. — Vou começar com o bispo católico na diocese de um estado do país. Ele era correto, mas pegou no "pé" de um padre que nos "servia" e resolvemos vingar-nos provocando nele a comichão do sexo. Fazíamos visitas sutis esperando uma brecha mental. Bispo também é homem, pensávamos. Ele há de se trair com pensamentos rasteiros, não estará sempre rezando. Percebemos que, a cada aproximação nossa com sugestão mental para desregramento, ele se afastava para atividades na periferia. Buscava o contato com os pobres como forma de escapar das tentações que considerava obra do demônio.

— E deu certo o seu assédio? – interessou-se o médico.

—Venceu-nos pelo cansaço. O que poderíamos fazer ao lado de um homem que ignorava nossas artimanhas e ia falar de Deus nas comunidades carentes? Que ficasse com sua fé e seus padres, nós iríamos para outros lugares, que não nos faltavam no plano físico.

— Você sabe que aquele bispo estava sob nossa proteção? Éramos nós que o inspirávamos para que fizesse da caridade o suporte para as investidas do seu grupo! Sendo um religioso fiel aos votos e consciente da responsabilidade, ele aceitava com facilidade nossas intuições. Julgava-se pressionado por agentes trevosos – verdadeiros demônios, no seu modo de entender. Era um homem de fé!

— Que pena, doutor, nós o atormentamos tanto, com ideoplastias grosseiras, muito além de sua imaginação. Hoje essas lembranças me enchem de culpa – confessava o obsessor arrependido.

O terapeuta, que tinha por objetivo conduzir o pensamento de Afrânio por caminhos mais suaves, considerava:

— O que você fez foi errado, mas ele aproveitou como uma oportunidade de crescimento. O antigo bispo encontra-se em nossa companhia atualmente, trabalhando como um dos assistentes na ala psiquiátrica. Sua força mental e equilíbrio capacitam-no a cuidar de alguns ex-sacerdotes que se encontram em tratamento.

— Por que eles, os sacerdotes, não podem se casar e vivem no maior sufoco, buscando "acasalar-se" em segredo, como se fossem criminosos?

— Questão de disciplina que a Igreja Romana terá que rever. Isso, porém, não justifica o assédio que é dirigido contra os grupos religiosos. Os sacerdotes que não suportarem a exigência do celibato sempre poderão desistir de seus votos. É a postura mais correta.

— Tirávamos proveito da carência afetiva dos sacerdotes para explorar desejos reprimidos, que conduzíamos a bel-prazer. Agora que entendo a dimensão de nosso erro, percebo que não saberia como consertar tudo o que fiz.

— Você terá mil oportunidades, Afrânio – respondeu o médico, conciliador. — A consciência, quando desperta, é uma cobradora exigente. No tempo certo, vocês deverão corrigir esses desvios em si mesmos, para depois auxiliar na correção do próximo.

— Em nós mesmos, doutor? Isso é o que mais me preocupa. Esses desvios me afetaram de forma profunda. Hoje luto contra tendências difíceis de controlar. Ontem eu as sugeria a outrem, hoje não consigo me desvencilhar delas. Noite e dia, sinto-me espicaçado pelo desejo doentio, que não se satisfaz de forma sóbria, que exige requintes inconfessáveis. Um dia me livrarei desse assédio que exerço sobre mim mesmo?!

— Aí está, amigo, a verdadeira correção divina. O que alguns entendem como castigo, nós compreendemos como a lei divina educando a criatura. Na luta ferrenha pela própria reabilitação é que você encontrará força para auxiliar a outrem. Com paciência o tempo efetuará a sua parte.

Em outras sessões, Afrânio relatava, arrependido, mais investidas contra religiosos compromissados com o bem-estar da comunidade. Quando o sexo não era um problema, ele e companheiros exploravam ao máximo a ganância de alguns pastores, induzindo-os à exploração dos bolsos dos fiéis, geralmente pobres e ingênuos.

Com promessas de premiação divina, os fiéis tiravam o pão da boca dos filhos para fazer doações, vultosas algumas, insignificantes outras, que somadas e multiplicadas formavam um patrimônio pessoal e nunca retornavam em forma de benefício social. A comunidade continuava carente de creches, de ambulatórios médicos e de oficinas de trabalho, enquanto os chefes das igrejas que se diziam cristãs enriqueciam as contas bancárias, no país e no exterior, oferecendo as migalhas de um pão espiritual contaminado por meias-verdades.

Emocionado, o antigo obsessor desabafava:

— Era tão fácil, doutor, induzi-los ao erro porque a cobiça estava dentro deles. Sempre soubemos que os pontos fracos dos homens seriam o sexo e o dinheiro. Se em um aspecto se mantivessem firmes, com certeza cairiam no outro.

— Por que vocês se interessavam em desmoralizar os responsáveis pelo encaminhamento espiritual das pessoas? O que ganhariam com isso?

— Porque a ação de qualquer religião diminuía nossa oportunidade de sucesso. Sabemos que as religiões pregam de certa forma a castidade. Elas afastam de nosso relacionamento muitos encarnados que foram nossos sócios no passado, como foi o caso de Maria. Ela era uma das nossas, doutor!

— Acontece, meu filho, que, ao reencarnar, essas pessoas trazem propostas de mudanças, de crescimento. Têm o direito de seguir as novas deliberações, sem interferência externa, você compreende?

— Hoje, sim, naquele tempo não admitia o livre-arbítrio. Considerava uma traição à nossa causa e à nossa amizade. Daí a reação violenta contra eles próprios, a família e a religião que os instruía e os afastava de nós...

— Se os irmãos encarnados soubessem como se transformam em joguetes nas mãos de entidades perversas, teriam mais cuidado com o que pensam, com as leituras que fazem e com os filmes que assistem. Freqüentariam mais os templos religiosos, dispensando as boates, os botecos e locais onde se reúnem mentes voltadas para a licenciosidade dos costumes – ponderou com tristeza o bondoso médico.

— Na seqüência, doutor, quero falar também das dificuldades que espíritos como eu colocam no caminho de seguidores da doutrina de Kardec. Esses são mais difíceis de enganar, quando freqüentam regularmente as casas espíritas. Ali somos barrados na porta por espíritos grandalhões, armados e posicionados como guardiões.

— Essas barreiras foram, em algum momento, transpostas por vocês?

— Nunca, doutor. Colávamos nosso corpo ao do encarnado, mas assim mesmo nos percebiam e éramos expulsos depois que constatavam nossas más intenções. Os mais "molengas" eles deixavam entrar e nós ficávamos de fora, esperando por amigos que não mais voltavam. Eles saíam por outra porta, não sei qual, e desapareciam de nossas vidas. Ficávamos bravos com eles e com os espíritos que hoje reconheço por mentores. O senhor pode me explicar como isso acontecia?

– Não havia outra porta, Afrânio. Havia, sim, outra dimensão. Nós passávamos em comitiva, rentes a vocês que faziam algazarra na rua e não percebiam nossa passagem.

– Nossa! O senhor também comparecia?

– Comparecia e compareço. Nós, espíritos espíritas, não nos isolamos do lado de cá. Permanecemos em intercâmbio construtivo com os encarnados inspirando-os nas tribunas, nas salas de aula, nas oficinas de trabalho, nos ambientes de passes, nas tarefas de desobsessão e psicografia... A esfera de nossa atuação é vastíssima e tende a se ampliar. À medida que aumentam as necessidades, é preciso que cresça a dedicação dos tarefeiros do Além.

– E o número de tarefeiros tem crescido na mesma proporção? – perguntou Afrânio que começava a se interessar por assuntos mais altruístas.

– A demanda é muito grande. Muitas são as dores que afligem a humanidade encarnada e desencarnada. Jesus tem suscitado novos obreiros, seguidores fiéis de sua doutrina, sejam espíritas, católicos, evangélicos... Os bons espíritos chegam ao mundo espiritual mais bem preparados, dispostos ao trabalho redentor desde a primeira hora. Entrosam-se com facilidade nas equipes existentes, amadurecidas no labor evangélico. Com o tempo, outras equipes vão se formando com o desmembramento das antigas e a especialização em determinados setores.

– Por exemplo?

– Citarei os grupos que se ocupam da educação infantil, do encaminhamento dos jovens, da prevenção do uso da droga, do tratamento de aidéticos... Especializações existem sem que se rompam os vínculos com os Mentores Maiores. A esses compete a responsabilidade da moralização das almas. Em reuniões periódicas, os Benfeitores espirituais assumem o comando de todas as ações, orientam e indicam novos e promissores caminhos. Entre nós há ordem, harmonia, organização.

— Ninguém diverge, ninguém critica?

— Afrânio, não somos marionetes. Todos somos ouvidos, expomos idéias e pontos de vista, mas nos curvamos diante da sabedoria dos mentores. Eles sabem o que fazem e também recebem orientação do Alto, dos prepostos de Jesus. Não há divergências essenciais, apenas escolha de um em detrimento de outro caminho sugerido; compreendemos que devemos seguir o orientador que vê mais longe, através do espesso véu que nos encobre a visão limitada.

— Que bonito, doutor! No lugar de onde venho todos "puxam a brasa para a própria sardinha". Se a gente bobeia, outro nos toma a liderança.

— Para nós o verdadeiro líder é Jesus. Ele é o Mestre, nós outros somos discípulos, mais ou menos graduados. Alguns de nós já percorreram uma longa jornada, granjeando respeito e credibilidade. Esses falam e nós ouvimos com reverência; eles são credores de nossa confiança. Sentimo-nos como aprendizes em presença deles!

— Um deles deve ser Kardec! – concluiu com entusiasmo o ex-obsessor, ávido por conhecer outra realidade.

— Kardec é um discípulo do Mestre, Afrânio, eleito para conduzir o processo de recristianização do planeta.

— Recristianizar como, doutor? Explique-se melhor.

— O Cristianismo sofreu adulterações ao longo dos milênios, Afrânio. Muitas coisas o Mestre disse sem nada escrever, o que foi providencial. É melhor que tenham deturpado seu patrimônio oral do que uma majestosa obra escrita.

— Deturparam?

— Sim, cortaram aqui, acrescentaram acolá, de forma que a belíssima doutrina do amor quase se transformou em um hino guerreiro, motivando crimes hediondos, guerras entre povos da mesma etnia, conquistas territoriais sem sentido. A imagem do Cristo continua desfigurada, nem tanto pelos ateus e descrentes, mas pelos próprios cristãos que a mutilaram, e apresentam um Cristo disforme para ser reverenciado como Deus. Se desfiguram sua personalidade humana, como querem vê-lo aceito como uma divindade, o único filho de Deus?

— Aí está uma coisa que sempre me intrigou, doutor. Jesus ensinou o Pai-Nosso e a Igreja ensina que Ele é filho único?

— Contradições, como essa, são contestadas pelo Espiritismo. Deus é único e a humanidade é sua filha, porque é obra de seu pensamento criador. Tudo o que existe na Terra e no Universo desconhecido do homem é obra do Criador, inteligência suprema que tudo fez por um ato de sua vontade.

— A criação bíblica, então?

— É figurativa, Afrânio. O Espiritismo concorda com a ciência que aponta para a criação do nosso mundo em longos períodos geológicos, simbolizados na Bíblia como dias. Não se pode entender ao pé-da-letra. É preciso o esforço de interpretação. Nesse sentido, Kardec recebeu as revelações feitas pelo Espírito de Verdade, o precursor de Jesus em diferentes épocas.

— Então é mais fácil compreender a explicação de Kardec do que a da Bíblia, que se refere a um único casal, Adão e Eva, como sendo os pais da humanidade!

— A origem do homem sobre a Terra remonta a muitos milhões de anos, amigo. A evolução do princípio inteligente começou de forma singela, animando elementos unicelulares. Até chegar à raça humana, com esse organismo complexo, o princípio estagiou no reino animal por milhares de séculos, para garantir o funcionamento automático de todas as células e órgãos.

— Coisa que só um especialista pode compreender!

— Não desceremos a pormenores, amigo. A intenção não é complicar o raciocínio, mas facilitar o entendimento de que é preciso caminhar ao lado dos conceitos científicos mais racionais, abandonando as teses antiquadas defendidas por uma religião avessa aos ensinamentos do Cristo. Ele, nosso guia superior, não subestimou a inteligência, não impôs crenças irracionais, não violentou a liberdade intelectual dos homens. Ele quer o nosso crescimento. Se Deus é uma Inteligência suprema, nós, como criaturas, temos uma inteligência rudimentar para aprimorar até o grau máximo.

— E qual seria nosso limite, doutor?

— Quem conhece a dimensão de nosso potencial?! Jesus nos estimulou dizendo para sermos perfeitos da forma como é o Pai. Entendemos que nossa perfeição será sempre relativa, nunca nos identificaremos com Deus, mas podemos dilatar ao máximo nossas potencialidades.

— Como é bom aprender com o senhor, doutor Teófilo. Quem me dera tivesse ouvido explicações tão claras em minha última encarnação. Talvez não tivesse errado tanto.

— Percebo que deseja falar sobre sua última existência. Deseja desabafar, amigo?

— Há muito tempo alimento esse desejo – respondeu Afrânio, ajeitando-se na cadeira como quem se prepara para estender a conversa.

— Antes vamos tomar um refresco, companheiro. A tarde está ensolarada e conversamos há mais de uma hora. Faremos uma pausa e retomaremos, em seguida, o nosso apaixonante tema.

Os novos amigos, Teófilo e Afrânio, dirigiram-se a uma copa e se serviram de um refrescante suco de amora. Chegaram à janela da instituição onde ambos residiam – Teófilo porque era um trabalhador do hospital e Afrânio porque não obtivera alta do tratamento. As sessões de terapia estreitaram os laços de amizade entre ambos, de forma peculiar, como se alguma coisa os ligasse de outras épocas.

Voltando à saleta particular do médico, Afrânio deu início à sua história:

— Nasci em uma cidade pequena do interior paulista, início do século XX. Não conheci meu pai porque ele nunca assumiu a paternidade. Minha mãe era uma moça ingênua que trabalhava como doméstica na casa grande de uma fazenda. O fazendeiro, homem truculento e de poucos escrúpulos, violentou-a e, em seguida, para não ser colocado em maus lençóis, fez que a esposa a despedisse. Sozinha, sem ter para onde ir, visto que os pais já não eram vivos, ela procurou uma tia que a acolheu até descobrir que estava grávida.

O paciente tinha a face corada, demonstrando certo constrangimento. O terapeuta compreendeu a situação e tudo fez para deixá-lo à vontade:

— Pare quando quiser, Afrânio. Você tem total liberdade para revelar ou omitir fatos que o constranjam.

— Já que comecei irei até o fim – disse o ex-obsessor, criando coragem para retomar o assunto. — Havia muita censura naquela época, e a situação de uma mulher grávida e solteira não era das melhores.

— Como recebeu essas informações, Afrânio? – aparteou o médico com interesse.

— Soube por ela mesma, anos mais tarde, quando atingi a adolescência. Marinalva, esse era o nome de minha mãe, contou-me em seu leito de morte a história de sua vida trágica e infeliz.

— Ela nunca procurou o fazendeiro?

— Sim, doutor, ela o procurou na cidade; nunca mais voltaria à sua casa, por medo e por vergonha. Na ocasião, foi enxotada por ele, ameaçada de morte pelos capangas numerosos. Ou sumia dali ou morria com o filho na barriga!

Os olhos de Afrânio encheram-se de lágrimas. Era a primeira vez que alguém o via chorar desde que fora recolhido ao sanatório. O médico aguardou, respeitoso, esperando que o paciente tomasse fôlego para continuar a insólita narrativa:

— Então ela partiu, aliás, nós partimos, visto que eu já existia e morava em seu ventre. Ela estava grávida de quatro meses quando deixou a segurança do vilarejo para aventurar-se em uma cidade grande com seus encantos e perigos. Não tendo recursos, começou a esmolar. Mas era uma mulher bonita, doutor, e logo foi apadrinhada por um homem interesseiro e sensual. Oferecendo-lhe comida e moradia, ele a sustentou até o meu nascimento. Passado o período do puerpério, ele demonstrou suas verdadeiras intenções. Ela era bonita e, bem cuidada, chamaria a atenção dos homens, atraindo-os para o lupanar por ele mantido e que lhe dava rendimentos.

— O benfeitor revelou-se um agenciador de prostitutas, Afrânio!

— Sim, ele enganou uma jovem carente, que não tinha a quem recorrer e, para sustentar o filho, aceitou se prostituir.

— Você foi, então, criado entre as mulheres da chamada vida "fácil"?

— Que de fácil não tinha nada. Eu ainda tinha privilégios porque parece que minha mãe se tornou a preferida da clientela. Ela era valiosa para ele. Trabalhava noite adentro e dormia pouco durante o dia, para me fazer companhia. À noite, eu não podia incomodar. Se tivesse uma febre, uma dor de cabeça, teria de esperar o dia nascer para me queixar. Então minha mãe contratou uma senhora idosa, ex-prostituta, envelhecida e sem atrativos para os homens. A avó Ana foi muito boa comigo enquanto viveu.

— Prostitutas não tinham vida longa, não é mesmo, meu filho?

— Verdade, doutor. A maldita tuberculose levava uma por uma, quando não eram as complicações provocadas pela sífilis.

— Foi assim com Marinalva?

— Foi. Ela me deixou quando era adolescente, um rapazote de 16 anos, sem experiência da vida e com traços bonitos, para meu azar.

— Azar?!
– Sim, doutor. Embora não fosse tão comum, os homens também se prostituíam. Eram usados por aqueles que demonstravam preferência pelo mesmo sexo.
— Foi aí que você desvirtuou seus sentimentos, com certeza.
— Passei a odiar o mundo. Se minha mãe morria aos 36 anos de idade, sozinha e desamparada, depois de servir como objeto sexual a tantos desconhecidos, o mesmo não haveria de acontecer comigo. Eu tiraria dinheiro de quem me procurasse, cobraria caro pelos meus serviços e meus encantos. Cuidei o máximo possível da aparência, andava sempre muito limpo e perfumado. Procurei conhecer técnicas para provocar prazer e formei uma clientela à parte. Em pouco tempo, adquiri um bom pé-de-meia, que me possibilitou trabalhar por conta própria.
— Dinheiro que recebeu com a venda do sexo!
— Sim, doutor. Vendi tudo, até a alma que nem sabia que existia. Para obter maior lucro, imaginava rituais exóticos, exaltava a imaginação da clientela para que, sentindo mais prazer, me gratificasse regiamente.
— Nenhuma mulher lhe interessou naquele período, Afrânio?
— Doutor, de tanto praticar o sexo de forma desvirtuada, acostumei-me e não tive olhos para nenhuma mulher, nem mesmo a governanta do casarão que providenciava o meu conforto.
— Você se lembra dela, Afrânio? Puxe pela memória.
— Ah, era uma mulher morena, forte sem ser gorda, cabelos pretos e longos. Trazia no rosto um olhar de felicidade e desaparecia do ambiente quando os fregueses iam chegando. Soube que teve um filho, mas nunca me interessei por sua vida.
— Saiba, amigo, que essa pessoa convive conosco como enfermeira no pavilhão três, aquele que hospeda os enfermos mais complicados. Um dia, em um desabafo íntimo, ela confessou tê-lo amado, mas percebeu que você não tinha olhos para ela.

— E o filho? Ela realmente criava um filho? – perguntou o enfermo, curioso.

— Ela o sustentava na casa da avó materna. Quando ficou viúva, teve de trabalhar e o seu casarão foi um verdadeiro achado, para ela. Você pagava salários bons, rapaz! O filho cresceu, formou-se como farmacêutico e carregou a mãe consigo, amparando-a na velhice.

— O senhor já conhecia um pedaço da minha história! – aparteou o surpreso enfermo. — Só não entendo por que não me disse nada.

— Ética, meu amigo. Um médico não fala coisas que se referem ao paciente, a menos que seja para o seu bem. Nesse caso, devo ressalvar que a enfermeira fez confidências como amiga, demonstrando certo carinho por você, certa gratidão, tão logo soube de sua internação. Ela foi visitá-lo nos momentos mais críticos e se ofereceu para cuidar dos pequenos seres – os ovóides – que se acoplaram em você. Pensou ser uma forma de retribuição.

— Que estranho comportamento dessa mulher que, conhecendo meus desvarios, me ama em segredo e se aproxima discretamente como que aguardando um momento para se apresentar. Estou certo, doutor Teófilo?

— É possível. O amor é sentimento duradouro que pode ficar adormecido por muito tempo, assim como uma semente pode germinar depois de estar guardada durante vários anos.

— Não creio que ela me ame! Não sou digno de um amor limpo, sinto-me sujo por dentro e nem cheguei ao fim da história da minha vida turbulenta.

— Imagino que você tenha ainda o que relatar, mas vamos fazer uma pausa e aguardar outro momento para isso. Desculpe-me, mas ainda tenho que visitar pacientes no pavilhão três.

▶▶▶

11
O Pavilhão Três

O pavilhão três foi reservado aos pacientes em estado de degradação do corpo espiritual, problemas que variavam desde a aparência animalizada até a forma de pequenos seres ovóides, corpúsculos mentais que perderam o veículo de manifestação por motivos diversos, reconhecendo-se em todos eles a mais severa transgressão às leis morais definidas pelo Criador.

A centelha espiritual reveste-se de diversos corpos mais ou menos ,ais, a fim de adquirir experiências úteis e necessárias à evolução. Esses corpos, à medida que evoluem, se organizam melhor, apuram as faculdades e possibilitam ao espírito atuar sobre a matéria, influenciando-a e sendo por ela influenciado, sob o direcionamento das leis naturais.

Desestruturar esses corpos a ponto de danificar a forma humana é uma agressão muito grande aos desígnios do Criador. O Espírito não se autodestrói enquanto essência, mas pode deformar a aparência e se privar dos corpos que se formaram ao longo de sua ascensão. Enclausurado no corpo mental, ele guardará sempre os dons humanos – razão, inteligência, livre-arbítrio –, embora com a forma exterior deteriorada.

Para voltar ao estado primeiro, há que se aplicar uma terapia restauradora que mobilize as forças intrínsecas, expandindo-as de dentro para fora, para que sejam refeitas as formas mutiladas.

Essas explicações fornecidas em obras mediúnicas visam a seqüenciar e expandir a revelação kardequiana. São ventiladas agora com maior grau de profundidade, porque os alicerces da Terceira Revelação estão mais solidificados no meio terreno; a ciência, estando mais desenvolvida, colabora para que a compreensão dos homens se torne mais dilatada.

Os espíritos com lesões no organismo perispiritual, quando atendidos, são colocados em enfermarias especiais. Evita-se, com tal medida, que sejam utilizados por espíritos vingadores como se fossem sanguessugas a vampirizar as energias de outros espíritos, encarnados e desencarnados. Como todos os seres vivos, carecem ser alimentados para que se estabilize a energia vital. Essas entidades recebem a cota de energia de que precisam e algo mais, para que reconstruam o que destruram, por insanidade e ignorância.

Os fluidos recolhidos dos encarnados em situação de prece – circunstância que favorece a doação e absorção – são manipulados em nosso plano. A eles se agregam elementos energéticos diferenciados e são oferecidos aos enfermos que, lentamente, se recuperam; na maioria das vezes, a recuperação é parcial, caso em que a solução será a reencarnação.

Chegam, então, ao plano físico, seres disformes, com anomalias ditas congênitas que têm origem no corpo espiritual desestruturado, ele, que constitui o molde sobre o qual se assenta o corpo de carne! Espírito perfeito reproduz um molde perfeito que gerará um corpo de carne em perfeita simetria. Não há outra nem melhor explicação para as doenças chamadas hereditárias. O ser humano é herdeiro do que plantou no corpo espiritual; se plantou harmonia, promoverá formas belas e harmoniosas; se colhe um corpo estropiado, é porque teve a semeadura contaminada e convém consertar o que ficou a dever. A encarnação torna-se para todos os espíritos, principalmente para os que têm correções a fazer, uma oportunidade excelente de aprimorar o que estiver imperfeito.

Jesus, nosso primoroso modelo, era um sol de fulgurante beleza interior que se exteriorizou em um corpo belíssimo e saudável. Pelo Pai, Ele foi designado o guia e condutor da humanidade. Seguindo as diretrizes traçadas por esse Espírito de ordem muito superior, que há milhões de anos (quantos, não sabemos) se despojou de toda e qualquer imperfeição, estaremos seguros de atingir a meta proposta por Deus-Pai.

Há dois mil anos, esse astro de primeiríssima grandeza encarnou-se no Oriente, entre pessoas rudes no temperamento, que tinham a seu favor a crença em um único Deus e na imortalidade da alma. Acreditavam também na comunicação dos mortos e, de maneira um tanto confusa, aceitavam a volta à carne como forma de pagar os pecados, de se purificar ou trazer mensagens do Alto. O Evangelho está permeado de colocações que confirmam essa crença. Os judeus que aguardavam a volta de Elias por ocasião da vinda do Messias alimentavam, sem dúvida, um pensamento reencarnacionista.

Assim aconteceu. João Batista foi Elias reencarnado – informação que o próprio Jesus nos deu. Ele veio preparar as mentes e os corações para receber a Boa Nova que o Messias haveria de divulgar. As idéias precisavam ser clareadas, as inteligências abastecidas com proposições mais precisas. Jesus realizou, naquele momento histórico, tudo o que poderia, e aguardou 19 séculos para introduzir no espírito da humanidade outra dose de esclarecimento.

Os Espíritos do Senhor, sob o comando do Espírito de Verdade, deram seqüência ao ministério de Jesus, possibilitando que o Mestre promovesse a complementação dos seus ensinos. O que não pôde ser ensinado, o que não seria compreendido, o que foi deturpado teria de voltar ao seu lugar, teria de ser manifestado de maneira clara para que todos entendessem, para que a humanidade tivesse acesso à verdade de forma democrática, sem privilégios de credos ou de raças.

A Terceira Revelação – a revelação espírita – não foi um fato isolado e completo ocorrido em 1857 com a publicação de *O Livro dos Espíritos*. Não. Aquele foi o marco inicial propriamente dito de uma revelação que continuaria de forma lenta e cumulativa, com muito bom senso, qualidade que se destacava no Codificador.

As informações continuam a chegar de forma a esclarecer, a orientar, nunca com a finalidade de promover discórdias, dissensões, polêmicas vazias e improdutivas. O aspecto divino da revelação sobrepujará as fraquezas humanas, os melindres, o excesso de personalismo. Espíritos guardiões zelam pelo patrimônio que a Divindade nos legou. As distorções, quando existirem, serão combatidas. Quando um falso profeta prevaricar aqui, outro, bem-intencionado e responsável, se levantará ali. Ao final, a verdade prevalecerá.

⁂

Doutor Teófilo adentrou o pavilhão três no final da tarde, depois de ter escutado, em parte, o desabafo de Afrânio. Observou, em celas especiais, os corpúsculos ovóides que foram desalojados do perispírito do ex-obsessor, quase todos acoplados no centro de força genésico. Como parasitas, alimentavam-se de energias preciosas ao hospedeiro que, no decorrer do tempo, perturbado e enfraquecido, poderia terminar em idêntica situação.

Acostumado com esses tratamentos, Teófilo sabia, de antemão, que os seres à sua frente emitiam pensamentos, alguns mais fracos, outros mais fortes, e procurou inocular, naqueles que pudessem recebê-la, uma energia nova, fraterna, de alguém que compreendia as dificuldades do paciente e não tecia críticas nem comentários.

Interiorizando-se, ele enviou uma mensagem subliminar em favor da vida exortando os irmãos a recordar a forma humana, buscando na memória adormecida, mas não de todo apagada, a forma infantil, a expressão sorridente de uma criança no berço, embalada pelo canto da mãe.

Com emoção ele vibrava mentalmente: "irmãos, exteriorizem-se na forma bonita que o Criador idealizou. Lembrem-se dos seus membros fortes caminhando no rumo da escola, recordem-se dos brinquedos e da companhia dos amigos. Acreditem que para tudo há solução, quaisquer que tenham sido os delitos cometidos ou as desilusões sofridas. A solução está no recomeço, no retorno ao útero feminino, onde vocês, com o auxílio materno, plasmarão a forma física da maneira que for possível. Por mais deficientes que venham a nascer, sempre estarão em situação melhor, se comparada a essa em que se encontram. Reanimem-se, colaborem com o tratamento para expelirem de si a maior parte do tóxico que os envenena, para facilitar a aceitação da organização feminina. Alimentem-se também de bons pensamentos, de desejo de mudança para facilitar o processo de recuperação".

O experiente psiquiatra e analista percebia que as entidades se manifestavam por meio de um leve estremecimento. Se não podiam falar, ao menos pensavam e vibravam, porque o pensamento é exteriorização da vibração mental. O médico sabia que alguns aceitavam os novos argumentos; outros, mais resistentes, mantinham-se arredios, preferindo o isolamento ao esforço – que seria grande –, para a mudança e renovação das atitudes.

O ser desencarnado pode ser tão teimoso quanto o encarnado. O sofrimento logrará promover uma nova conduta, em alguns; para outros, a mudança terá de ocorrer de forma compulsória.

Deus, o Criador, estipulou leis para serem obedecidas. Ao livre-arbítrio do homem, ignorante e insano, sobrepõe-se a vontade divina. Em condições precaríssimas, tais entidades recalcitrantes serão conduzidas à encarnação; muitas tentativas serão frustradas, porque os reencarnantes só lograrão permanecer poucas semanas no vaso uterino, tamanha a rejeição que sentirão e farão sentir a organização materna. Um pouco melhorados voltarão para novas e seguidas tentativas, tantas quantas necessárias para garantir o êxito total, em uma existência mais ou menos prolongada.

Não se lamentem as mães carinhosas que não conseguem levar avante uma gravidez, abortando o feto nos primeiros tempos de gestação. Podem ser espíritos em trabalho de reconstrução íntima, que no futuro serão gratos às mãezinhas que os acolheram na hora da extrema dificuldade, e se comportaram como médicos que proporcionam a cura aos pacientes.

Nesse caso, o paciente que adentrou o seu ventre tomou uma forma quase esquecida, sentiu o calor materno e paterno, reaprendeu o que é uma família, o que é ser "gente". Poucas semanas, alguns meses, e a terapia pode se fazer concludente. Pode ser o ponto final em uma luta contra deformidades sérias, abrindo à alma a possibilidade de uma existência plena, da próxima vez.

Aos médicos e pais recomendamos que não impeçam a gestação desses seres em condições teratológicas. O pouco de vida que puderem ter lhes dará um avanço significativo nas estruturas física, mental e emocional. Não existe maior caridade nem mais significativo amor do que auxiliá-los na reconquista de si mesmos.

⁂

Em outro momento, encontraram-se Afrânio e o médico, para dar prosseguimento ao desabafo terapêutico. Sentados em poltronas confortáveis, próximos um do outro, o enfermo continuou o relato de sua última passagem pela carne:

— Quando completei 16 anos, perdi a companhia de minha mãe, vítima da tuberculose que grassava de forma epidêmica naquela época. As vigílias noturnas, a alimentação fora de hora e a própria fragilidade orgânica fizeram-na adoecer. Para não expulsá-la da mansão do prazer, eles a acomodaram em um cubículo mal ventilado, de onde sua tosse não pudesse ser ouvida pela clientela. Com um tratamento precário e sob forte depressão psicológica, minha mãe definhava de dor e de tristeza. Lembro-me bem de sua última conversa: "filho, está chegando a minha hora. Sei que vou deixá-lo ainda muito novo, mas confio no seu discernimento para levar a vida. Saiba que em momento algum encontrei prazer em vender meu corpo. Foi uma forma indigna de sobrevivência que não recomendo para nenhuma pessoa. Eu não vi outra alternativa, mas deveria existir; eu poderia ter lutado um pouco mais... Você, Afrânio, foi o único bem que possuí e nunca me arrependi de tê-lo trazido ao mundo. Valeu a pena ter um filho como você.

— Como você se sentiu naquele momento, Afrânio? – perguntou o médico com a intenção de fazer o paciente mergulhar no subconsciente, para arrancar de lá as sensações que o infelicitavam.

— Eu me senti como quem recebe uma facada no peito. Naquele momento, afloraram todo o ódio e desprezo que enderecei à humanidade. Ela morreu e recebeu um enterro discreto, com uma dúzia de acompanhantes e somente eu carregava um punhado de flores. Hoje me pergunto onde ela estará, se um dia ainda poderei revê-la.

— Podemos pensar nisso, meu filho, mas continue a sua história.

— Já relatei como procedi diante do assédio sexual de homens pervertidos. Esqueci-me dos conselhos de minha mãe e fiz concorrência ao homem que a explorou e intentou tirar proveito de minha aparência física. Ele não haveria de ficar mais rico às minhas custas. Eu me venderia, sim, extorquiria até o último centavo de quem me procurasse! Com o tempo fiquei viciado, ganhei muito dinheiro, enquanto perdia em virilidade.

— E o outro concorrente, não reagiu contra você?

— Preparou armadilhas contra mim. Em uma dessas ciladas fui morto e esquecido. O dinheiro que juntei certamente ficou para o governo, visto que nunca tive herdeiros.

— Você tem lembrança dos primeiros tempos de desencarnado?

— Não com total clareza, doutor. Sentia-me vivo e vagava por estreitos labirintos, criação mental de outras vítimas da insanidade, como eu.

— Bravo, Afrânio, vejo que você aprende rapidamente. Criação mental é o termo correto!

— Hoje eu sei, mas naquela situação estava todo confuso e revoltado. Não estava certo de minha morte e procurei voltar aos sítios conhecidos. Com muito esforço e concentração, localizei a mansão do assassino, mas estava vazia; percorri os corredores que levavam aos quartos quando ouvi cochichos de duas empregadas: "sabe, fulana, com a morte violenta do proprietário esse bordel acabou esvaziando. Os fregueses tinham medo de novo tiroteio..." A outra completou: "ele foi morto por um amigo de Afrânio, em uma vingança de cunho pessoal". Juntando os comentários, percebi que o safado também estava do lado de cá, que minha morte tinha sido vingada e dei-me por satisfeito.

— Você ficou feliz com a desgraça do seu inimigo, certo?

— Sim, e digo mais: se ele não estivesse morto, eu mesmo o mataria. Não sei como, mas haveria de fazê-lo.

— Com certeza você descobriria uma forma de puni-lo, assim como fez com outras pessoas. O reduto do sexo turbulento que você implantou do lado de cá, como teve início, Afrânio?

— Por necessidade, doutor. Quando a gente se vicia é muito difícil escapar da compulsão. A gente precisa de sexo e se desespera. Eu não sabia mais me comportar da maneira convencional. Estava acostumado com extravagâncias nessa área. Logo encontrei afinidades, tanto masculinas quanto femininas. Nem foi preciso violentar consciências.

— Espere aí, amigo, vocês forçaram muitas pessoas, induziram e tiraram proveito de suas fragilidades.

— Confesso que forçamos um pouquinho a "barra", mas deixávamos escapar quem realmente insistia na negação. Permaneciam os que gostavam.

— Ou os que não tinham para onde ir!

— Que seja! Como em matéria de sexo é muito interessante a novidade, começamos a afligir os encarnados bonitões, homens e mulheres dados ao exibicionismo da forma física, principalmente quando adormeciam excitados, depois de assistirem a um filme pornográfico. Era moleza o contato! Poucos reagiam, a maioria entrava de "gaiato"!

— Afrânio, você tem consciência do mal que praticou para si mesmo e para tantas pessoas, fossem elas ingênuas ou não?

— Somente hoje entendo que não tinha o direito de explorar as fraquezas dos encarnados. Aprendi que eles estão no mundo para progredir e não para repetir as falhas do passado.

— É certo, amigo, chegamos ao cerne da questão. Saiba que quem auxiliou na queda tem de ajudar a levantar. Percebe o trabalho que temos pela frente?

— Temos?

— Sim, palavras vazias não consertam os erros. Arregace as mangas e ajude a levantar os irmãos caídos no vício. Somente assim você se erguerá junto com eles. À medida que forem adquirindo força para vencer as viciações, você também fará algumas correções no psiquismo.

— Algumas?! – perguntou o enfermo, cada vez mais estarrecido.

— Sim, meu amigo. Se a queda foi rápida, o caminho da subida é sempre mais difícil, lento e penoso. Você não se aprumará de uma só vez, ainda reencarnará com dificuldades nessa área e sofrerá restrições humilhantes que o ajudarão na aquisição do autocontrole. Só o tempo administrará a sua cura.

— Se assim tem de ser, que seja – respondeu com sentida tristeza o ex-obsessor de Maria.

Afrânio a conheceu no bordel na época em que sua mãe trabalhava. Maria era bonita e sensual; explorava os dotes físicos e os bolsos dos cavalheiros que, não satisfeitos com a vida conjugal, procuravam "apimentar" as relações com aditivos perigosos, como a prostituição. Muitas vezes levavam para casa a desonra e doenças venéreas, de difícil controle em épocas atrasadas.

O livre-arbítrio humano que poderá levar os seres aos cumes da inteligência, das descobertas científicas e tecnológicas, poderá arrastá-los, da mesma forma, aos baixios da degradação moral. São as duas faces da mesma moeda.

Maria foi companheira de Marinalva, mas a prostituição, para ela, foi uma opção pessoal. Quis tirar proveito dos dotes físicos e não titubeou em atrair, conquistar a simpatia para, em seguida, mudar de parceria, em uma permuta constante de energia genésica. Desencarnou muito jovem porque os excessos da bebida, do cigarro e do sexo minaram-lhe o organismo que sucumbiu quando a sífilis se manifestou.

Adentrou o mundo espiritual de modo infeliz, juntando-se à companhia de almas ansiosas por satisfação sexual. No caso de Maria, acrescente-se o ódio extremado por Paula e seu projeto frustrado de vingança. Sua carreira foi interrompida pela generosidade de espíritos do bem que a conduziram para a reencarnação, depois de longo período de desajuste.

Após o desmantelamento do grupo de Afrânio, a adolescente foi deixada em paz com possibilidade de atingir a juventude sem mais complicações. A vida correria por sua conta. A educação sólida que recebia dos pais – Paula e Antunes – poderia encaminhá-la pelo terreno do respeito a si mesma e ao próximo.

Não há defeitos de conduta que o amor familiar, associado à educação integral: corpo, mente e espírito, não possam corrigir. Educar os filhos, dar-lhes orientação religiosa, é prepará-los para a vida em sociedade, para que sejam cidadãos úteis e não parasitas sociais.

Valores ético-morais são válidos para sempre; norteiam a conduta dos seres humanos que herdaram posturas inadequadas de outras épocas e outras circunstâncias. Necessária e urgente se faz a educação das almas encarnadas, para que não recaiam nos mesmos erros, repetindo os enganos cometidos.

Quando uma fase do aprendizado é ultrapassada, a vida impõe novas lições e, assim, repetidamente, até que os bloqueios mentais sejam rompidos e os bons hábitos se tornem automáticos. É preciso investir na educação dos filhos, única riqueza que eles levarão para o mundo espiritual, mundo das essências e não das aparências.

▼

Afrânio, após cumprir intensivo tratamento, foi introduzido como estagiário no pavilhão três, o pavilhão dos "desesperados", designação criada por alguns trabalhadores. Ele iria conhecer de perto os efeitos danosos da violação às leis naturais, trabalhando como auxiliar de uma diligente enfermeira que lhe foi apresentada como Celeste.

Afrânio julgou reconhecê-la de alguma parte, mas não deu maior atenção à mulher que lhe estendeu alegremente a mão, abriu um largo sorriso e manifestou-se com inusitado júbilo:

— Bem-vindo, Afrânio. Fico feliz por vê-lo em excelente estado, pronto para o trabalho.

— Bondade sua, Celeste, não me encontro em minha melhor forma, ainda.

— Vai ficar, companheiro. Aqui, na enfermaria dos desesperados, a gente encontra motivação para viver e para se tornar melhor a cada dia.

— Por que recebe esse nome, Celeste? Parece tão pesado!

— Porque aqui são acolhidos e tratados os espíritos que desceram ao fundo do poço e lutam, desesperadamente, para chegar à superfície. Nós, médicos, enfermeiros e atendentes estamos unidos para lhes estender as mãos e, sob o amparo divino, ajudá-los nessa jornada de retorno à sanidade.

— O que podemos fazer por eles, Celeste?

— Acima de tudo, amá-los.
— Como?
— Amando, simplesmente. Lançando sobre eles os fluidos sadios da compaixão, desejando que voltem à forma física e retomem a vida no ponto em que parou. À medida que apresentarem melhora – e apresentarão com certeza – serão transferidos para outra ala, onde receberão tratamento diferenciado.
— Há uma previsão de tempo para eles?
— Nenhuma, Afrânio. Cada alma vive em um mundo particular, com necessidades, desejos e frustrações bem individuais. Na aparência, você vê seres bem assemelhados; na essência, são totalmente diferentes. A hipnose entra como uma indicação terapêutica e as reações a ela são individualizadas também.
— Percebo, Celeste, que terei chance de treinar a paciência, virtude que ainda não adquiri.
— Vai aprender, Afrânio, vai aprender – respondeu a enfermeira, com a intenção de estimular o novato.

Com o decorrer dos dias o antigo obsessor pôde observar, a distância, os corpúsculos ovóides que estiveram presos ao seu corpo. Segundo explicações de esferas mais elevadas, ele tomou conhecimento de que eram ex-companheiros acumpliciados no uso abusivo do sexo. A fixação mental e o monoideísmo levaram-nos a atrofiar os demais centros de força, cujas energias foram canalizadas quase que exclusivamente para a área genital.

Afrânio ficava arrepiado só em pensar no destino que poderia ter sido seu, caso não retrocedesse em tempo hábil. A enfermeira Celeste o subsidiava em todas as circunstâncias, orientando-o, esclarecendo-o e participando das atividades que lhe eram designadas. Quando ameaçava sucumbir sob o peso da depressão que por vezes o acometia, Celeste vinha em socorro do antigo obsessor, generosa e solícita.

Afrânio estava tão absorto na nova tarefa que não cogitava o porquê da solicitude da companheira de trabalho. Uma vez mais ele não enxergava a mulher valente e devotada que o "destino" lhe colocava ao lado.

Doutor Teófilo era um observador silencioso e dava tempo ao tempo. "Um dia, o bom Afrânio acordará" – raciocinava ele.

Celeste continuava firme no propósito de ajudar o rapaz que fora um patrão generoso, no casarão sombrio que acolhia almas em conflito. O filho da enfermeira que ele ajudara a criar estava bem perto, era um trabalhador do setor de medicamentos dando cumprimento à vocação farmacêutica. Ela mantinha o coração vazio, pois o ex-esposo havia retornado à lide terrena.

No trabalho do dia-a-dia, a enfermeira foi conquistando a simpatia de Afrânio. Sabia de seus comprometimentos na área sexual, mas não se preocupava com o assunto. O seu era um sentimento de amor, puro, quase fraternal; poderiam conviver em harmonia se ele não fizesse exigências descabidas.

Vez por outra ela encontrava o atendente como que à espreita, observando os corpos deformados dos irmãos. Ele refletia sobre a necessidade do autocontrole para que não lhe acontecesse algo semelhante.

À noite, sofria pesadelos nos quais se via com o corpo disforme e acordava transpirando muito, levantando-se feliz ao constatar que tudo não passava de um sonho mau.

As sessões de análise continuavam; livros bons eram recomendados para leitura e, aos poucos, ele foi liberado para passeios na comunidade. Celeste foi a companheira escolhida para as horas de lazer, porque Afrânio, mais controlado, entendeu que uma companhia feminina lhe faria bem, desde que não fosse muito exigente.

Nessa circunstância, o terapeuta considerou oportuno realçar a figura de Celeste como mulher. Orientou-a para que se vestisse com maior esmero quando saísse com o novo companheiro, sem se tornar inconveniente, com o que a enfermeira concordou:

— Entendi, doutor. Ele só me tem visto com o uniforme da enfermagem. Saberei caprichar, como toda mulher sabe!

A mudança na aparência da acompanhante motivou Afrânio, que se perguntava sobre o local em que a teria conhecido, prova de que, inconscientemente, apagara da memória o período vivido no casarão. A amizade entre ambos se consolidaria no dia-a-dia e nada era feito por acaso.

Os caminhos dessas almas se cruzaram no passado, ocasião em que ela poderia ter ajudado o jovem atormentado a seguir melhor direção e não o fez. Beneficiou-se com o bom salário, chegou a amá-lo, mas não teve coragem para tentar soerguê-lo moralmente.

É comum, no cotidiano das pessoas, ocorrência semelhante. São colocadas em condição de ajudar, mas outros interesses se sobrepõem e elas perdem a chance de colaborar na redenção de um antigo parente ou companheiro. Não é necessário que se envolvam do ponto de vista sexual, mas podem se tornar bons amigos, bons conselheiros, verdadeiros anjos da guarda.

Naquela época, Celeste, receosa, trancou-se. Não se permitiu insinuar, nem mesmo como amiga, mantendo sempre a postura de governanta. Ao lado, no entanto, estava um irmão consangüíneo do pretérito, carente de luz. A oportunidade perdida ela deve resgatar para afastar um peso da consciência.

Seria uma lenta caminhada e, mais do que Afrânio, ela seria testada na paciência. Sabia com quem estava lidando, conhecia as restrições do amigo e não hesitou em lançar mão dos artifícios femininos para estimulá-lo.

Aos poucos ele foi cedendo, tímido e reticente. A persistência e o amor de Celeste dariam conta do recado.

Quando se sentiu razoavelmente equilibrado, ele perguntou ao médico pela mãe, receoso de que ela estivesse em apuros. Ficou aliviado quando soube que havia retornado ao corpo físico, na família do fazendeiro que a malsinou e era, então, uma adolescente alegre e feliz.

Em uma noite especial, véspera de Natal, Teófilo, Afrânio e Celeste visitaram uma casa bonita em uma cidade pequena e aconchegante. Ao redor de uma mesa bem-posta, reuniam-se alguns adultos e poucos jovens, dentre os quais se destacava uma figura especial de quem Afrânio se aproximou com a alma em festa. A roda da vida havia girado bastante, considerou o regenerado obsessor. Ali ele via a sua mãe convertida em filha! Virando-se para Teófilo, questionou:

— Onde estaria meu pai? Até que seria interessante conhecê-lo!

— Veja por si mesmo, Afrânio – respondeu o médico, indicando um rapaz bem apessoado sentado ao lado da jovem que fora sua mãe. — Hoje eles são irmãos; caminharão lado a lado na senda da evolução e aprenderão a conviver dentro do amor fraterno, maior do que o apelo puramente carnal.

Foi um momento de forte emoção para o filho de Marinalva. O fazendeiro orgulhoso que lhe negara o reconhecimento da paternidade estava diante de seus olhos, convertido em um rapazote, frágil como qualquer adolescente.

— Está satisfeito, Afrânio? – perguntou o médico, gentil.

— Plenamente. Embora eles me sejam simpáticos, prefiro guardar a lembrança de Marinalva, a mulher guerreira que me amou incondicionalmente. O pai, que não conheci naquela ocasião, sempre desprezei pelo mal que fez à minha mãe. Logo, esse rapaz franzino não significa nada para mim.

— E a jovem? – perguntou Celeste.

— Sabendo que carrega a essência espiritual de Marinalva, eu a quero bem. Se puder, de alguma forma, retribuir o bem que me fez...

— Poderá, meu amigo – acrescentou Teófilo, impedindo que Afrânio completasse a frase. — Poderá fazer o bem a toda a família; do bem-estar de um depende o bem-estar de todos, você não acha?

— Estou mais equilibrado agora, doutor, aliás, estamos, porque gostaria que Celeste me apoiasse nessa iniciativa.

— Você sabe que pode contar comigo para o que der e vier, Afrânio. Não o deixarei sozinho em uma hora dessas – respondeu a sorridente companheira, sem pestanejar.

▼
▼

A visita foi interrompida porque o médico recebeu um comunicado mental, solicitando sua presença em determinado hospital terreno. Um paciente, em estado terminal, estava preste a abandonar o corpo. Os préstimos do médico seriam oportunos. Afrânio e Celeste viveriam uma experiência nova.

Aproximando-se do leito onde duas entidades femininas davam assistência ao enfermo, Teófilo sugeriu aos pupilos que observassem e fizessem sustentação. O rapaz que estava para desencarnar era Honório, portador do vírus HIV, com sérios comprometimentos orgânicos produzidos pela Aids.

— Observem bem – recomendou aos amigos – para que tirem proveito da lição. Honório vai deixar o corpo de carne em penosa situação espiritual. As duas entidades femininas são, ou melhor, foram a mãe e uma tia, que intercederam por ele em nosso plano.

— Ele fez por merecer esse atendimento? – perguntou Afrânio, espicaçado pela curiosidade.

— Todos merecemos, meu filho. Deus sabe ofertar com generosidade; nós, às vezes, recusamo-nos a receber. O fato de ser portador do HIV não o descredencia ao socorro. Se fosse outra moléstia que não a Aids, o auxílio também ocorreria. Neste caso, em particular, estou ciente que o mérito das duas senhoras é bastante significativo.

— Como ele se enfermou? – quis saber o estagiário.

— Compartilhando seringas, meu rapaz. A droga, por si mesma, é um veneno letal; quando compartilhada por um grupo utilizando material não descartável, a situação se agrava. Eles permutaram o vírus; alguns estão doentes, outros já desencarnaram.

— Ele seguirá conosco? – foi a vez de Celeste perguntar.

— Sim. Dentro de alguns minutos chegará uma equipe especializada que o acomodará em um de nossos veículos. Nosso hospital tem uma ala específica para aidéticos.

— Doutor, desculpe-me a insistência, mas se o perispírito está contaminado, corremos o risco de um contágio? – perguntou Afrânio, preocupado.

— Evidente que sim, Afrânio. Por isso tomamos medidas profiláticas e de assepsia no contato com esses enfermos. Não é assim na Terra? Os micróbios psíquicos também podem se propagar, mas o contágio só ocorrerá com quem se encontre em condição de igualdade com o enfermo. Lembremos que não são somente micróbios que podem contaminar, mas também os maus pensamentos. O instrutor espiritual Alexandre expôs a André Luiz: "o pensamento elevado santifica a atmosfera em torno e possui propriedades elétricas que o homem comum está longe de imaginar".

— É, estamos sempre convocados ao autocontrole – ponderou, pensativo, Afrânio.

— E ao estudo – completou Celeste. — De que outra forma tomaríamos conhecimento da diversidade e riqueza de detalhes das leis naturais?

— São leis sábias que pouco a pouco se descortinam ao nosso entendimento, amigos. Precisamos manter a mente aberta e esclarecê-la com os novos conceitos que são revelados, dentro de um senso crítico aguçado, que não nos deixe aceitar o falso como verdadeiro. Kardec advertiu-nos ser melhor recusar várias verdades do que aceitar como certa uma só mentira.

— Não seria uma cautela excessiva? – inquiriu Afrânio, ansioso por aprender.

— Não, amigo. Ao refutar algumas verdades pela falta de compreensão em determinado momento, o espírito não se prejudica. Logo mais, quando as possibilidades mentais se ampliarem, ele poderá entender, aceitar e praticar! Ao acolher uma mentira por verdade, ele se complica: pratica atos danosos a si mesmo e a outras pessoas a quem possa influenciar. Daí a relevância dessa orientação do Codificador.

— Parece que ele enxergava para além da fronteira do espaço e do tempo – observou Celeste, encantada com a clareza com que Teófilo conduzia a conversa.

— Agora vamos nos aproximar de Honório e entrar em prece – recomendou o médico. — Precisamos de um ambiente adequado para o desenlace, purificado, para que os miasmas residuais permaneçam no corpo de carne e o perispírito se liberte sem tantos comprometimentos.

A oração foi feita silenciosamente pelas cinco entidades que assistiam ao moribundo. A mãe e a tia estavam emocionadas, mas exibiam notável autocontrole. Aproximando-se de Teófilo, a mãe, dona Clarinda, agradeceu:

— Obrigada, amigo, por esse atendimento. Sabemos quanto Honório resistiu às nossas advertências, mesmo assim a bondade divina se expressa no apoio que temos recebido de nossa colônia. Que Deus nos abençoe!

— Não se emocione tanto, Clarinda. Todos nós somos devedores uns dos outros, porque esse é um princípio da lei divina. Deus não desejou que o homem vivesse só, por isso convocou-nos à solidariedade, ao apoio na hora difícil e não fazemos mais do que nossa obrigação.

— Em nosso meio, doutor, a fraternidade é tão espontânea, mas no ambiente terreno Honório sofreu muito com os preconceitos, que eu me atreveria a dizer que o sofrimento moral foi maior do que o físico.

— Falta de compreensão, minha irmã. Um dia as pessoas deixarão de apontar as falhas alheias para corrigir as próprias. O maior problema de Honório foi a dependência da droga. Como é que um drogado pode cuidar da saúde? Afinal, há muitos indivíduos soropositivos vivendo com relativo conforto.

— Ele era tão jovem quando começou! Logo após o falecimento do pai ele fugiu do meu controle. Talvez não tenha sido uma mãe muito presente!

— Já conversamos sobre isso, Clarinda, e podemos retomar o assunto em outra oportunidade. No momento, vamos envolver o rapaz em vibrações de paz.

O grupo entrou em profundo recolhimento enquanto fluidos brandos caíram sobre o corpo alquebrado do aidético. Ele ainda abriu os olhos físicos e não viu ao redor uma só pessoa conhecida. Não se aborreceu, porque foram assim os últimos meses de sua vida: solidão e sofrimento que lhe abrandaram o temperamento e proporcionaram instantes para reflexão.

A mãe aproximou-se e osculou-lhe a face suarenta, sugerindo-lhe com firmeza: "Reze, meu filho, a oração pode auxiliá-lo".

O jovem iniciou, mentalmente, a oração do Pai-Nosso, acompanhado por todos de nosso plano. A equipe encarregada do desligamento final estava presente e cumpriu seu papel de forma tranqüila, sem a resistência do moribundo que aceitava a inevitável morte do corpo.

Os outros familiares, encarregados do velório, só tomariam conhecimento do óbito algumas horas depois, quando Honório, em espírito, estivesse acomodado em uma instituição hospitalar.

▶▶▶

12

O Aidético

Em uma extensa enfermaria, acomodavam-se os espíritos desencarnados por causa da Aids. Proliferando no plano terreno, essa enfermidade tomou aspecto epidêmico também no plano espiritual, onde se reúnem os portadores do HIV para o tratamento libertador.

Toda a vez que uma dificuldade agride a população encarnada, os dirigentes espirituais organizam e estruturam as camadas adjacentes ao núcleo físico, para acolher, tratar e reorientar a vida dessa população. As seqüelas que remanescem na organização perispiritual são tratadas e eliminadas dentro de um prazo razoável. Médicos, enfermeiros e auxiliares administrativos são preparados dentro dos conceitos científicos mais desenvolvidos.

Não há receio, escrúpulos ou preconceitos quando a inteligência está enriquecida com informações objetivas sobre as enfermidades. A equipe médica é muito bem orientada, permutando informações com esferas superiores, reciclando os conhecimentos e avançando em recursos tecnológicos que, por enquanto, são desconhecidos dos companheiros encarnados.

Poder-se-ia questionar por que esses avanços não chegam rapidamente ao mundo dos encarnados, para socorrer os enfermos e minimizar o sofrimento dos povos, ricos e pobres. A explicação é simples: a população terrena não está apta a desenvolver implementos tecnológicos de primeira linha, porque não saberia como utilizá-los com ética e bom senso.

Há muito egoísmo entre os homens, muita ganância e vontade de dominar pela força bruta, sem o convencimento da razão. Os próprios segmentos religiosos, nos quais recai a esperança da paz e do progresso, não se entendem, não somam esforços e perdem tempo precioso com discussões e filosofias inúteis. Se atentassem mais às orientações crísticas, com certeza o reino que Jesus veio anunciar já estaria estabelecido sobre a Terra.

As palavras do Evangelho incitam-nos ao progresso. Jesus não se poupou de nos conclamar ao reino dos céus, comparando-o, certa feita, a uma pérola preciosíssima, por cuja posse valeria a pena que nos desvencilhássemos de todos os bens.

O reino dos céus é uma situação de harmonia íntima que se pode viver em qualquer lugar, desde que estejamos integralmente concordes com os propósitos do Criador.

O reino dos céus será conquistado com um combate ferrenho às inferioridades morais, com a expulsão do que há de perverso em nós. Os valores que nos conduzirão à pátria celeste estão declinados no Evangelho: amor ao próximo, perdão das ofensas, desenvolvimento dos talentos pessoais...

Sem uma ligação séria e permanente a esses valores, o homem oscila na caminhada, dá um passo à frente e outro atrás, tropeça, cai e, o que é pior, permanece caído, sem ânimo para levantar-se e retomar o percurso. Onde poderia angariar força para prosseguir senão na oração, na meditação, na reflexão que sugerem as boas obras literárias, especificamente as obras espíritas?

A religião, porém, é atacada pelos homens da ciência como se fosse uma vilã responsável pelos fracassos da sociedade. Eles não se culpam pelo mau uso que fazem dos avanços tecnológicos, conseguidos com sacrifício por almas de escol que se encarnaram com esse objetivo.

Que os cientistas reflitam sobre os benefícios e malefícios causados pela aviação, pela navegação marítima, pelas conquistas do espaço, pelo avanço da cibernética... Querem desvendar os mistérios da vida, mas não sabem o que fazer com as células-tronco, como extrair benefícios da descoberta do genoma humano sem ferir a ética, sem produzir seres monstruosos...

A humanidade tem muito que caminhar em direção a si mesma, dentro das próprias entranhas, antes de compreender o mundo que a rodeia, com seus mecanismos que ora se revelam, ora se retraem. Como Deus não brinca de esconde-esconde, entendemos que chegará o momento em que estaremos aptos a prosseguir, sem paradas nem retrocessos, rumo ao porvir venturoso a que Deus, nosso Pai, nos predestinou.

⁂

Honório foi acomodado no leito ainda em estado de prostração. Seu despertamento se daria alguns dias depois, um pouco mais refeito e disposto.

Enquanto o filho se refazia, Clarinda procurou o doutor Teófilo, médico que supervisionava o tratamento do filho. Emocionada, ela se desfazia em agradecimento pelo socorro ao filho pródigo, um rebelde desde a adolescência.

— Ele foi um fraco diante dos apelos da droga – explicava o médico, complacente –, mas que jovem não o é? São numerosos os casos dos que entram por esse caminho e não encontram a volta! Além do mais, Honório encontrou a Aids no seu trajeto.

— Tive receio – enfatizava a boa senhora – de que ele não fosse mais acolhido entre nós e ficasse perdido, distanciado da família.

— Que família, Clarinda? – atalhou o médico. — Aqui somos todos irmãos e fazemos parte de extensa família espiritual. Você temeu, com certeza, que ele fosse carregado para regiões inferiores, não é?

Clarinda, meio encabulada perante a franqueza do benfeitor, respondeu:

— De fato, doutor, eu receava que meu filho, tão logo desencarnasse, fosse parar em regiões de sombra e de dor, até purificar-se por inteiro. Vejo o seu perispírito bastante contaminado. Essas bolhas escuras, o que são?

— Resíduos remanescentes da enfermidade. Não se preocupe com eles, no tempo certo desaparecerão sem deixar vestígios. Quanto às regiões sombrias de sofrimento, saiba que ele as carrega dentro de si. Já se disse, em outra ocasião, que céu e inferno estão dentro de nós. Ele estará bem amparado, será bem assistido, mas não tenhamos a ilusão de que se sentirá feliz, pelo menos no início.

— O senhor acha que falhei como mãe? Que fui muito permissiva e não soube controlar os primeiros impulsos de meu filho para a rebeldia?

— Ora, vejamos Clarinda – começou o médico, com suavidade, o delicado assunto. — Quando a criança sofre uma queda, a mãe sempre se culpa. Se estava por perto, pergunta-se por que não olhou, por que não impediu. Se estava ausente, questiona se não deu liberdade demais ao filho. A irmã sabe que os adolescentes, por vezes, se tornam arredios e fogem do controle de pai e de mãe. Você estava sozinha, o pai havia desencarnado e Honório registrava no currículo espiritual uma alta dose de rebeldia. Um filho, ao nascer, não vem como uma página em branco na qual os pais escrevem uma linda história, do jeito que gostam e acham que deve ser. Não, Clarinda, eles trazem um histórico às vezes comprometedor, têm reajustes de personalidade para fazer, bloqueios para desfazer e qualidades por adquirir.

— Os pais podem bem pouco, é isso, doutor?

— Os pais podem e devem orientar desde o berço, podando e aparando arestas do temperamento infantil. Na primeira infância, a criança é receptiva ao novo aprendizado. Um pouco mais crescida, começam as contestações que os pais devem enfrentar com firmeza, não brutalidade. No entanto, há rebeldes intransigentes, cuja teimosia demora a ceder. Quando atingem a idade adulta, a chance de adquirir discernimento aumenta consideravelmente, principalmente quando a personalidade foi trabalhada durante a vida.

— Honório começou a se drogar com 13 anos, doutor. Vieram juntos, em uma seqüência, o cigarro, a bebida e a maconha. Depois, o senhor sabe.

— Sim, chegaram a cocaína, a heroína, mais bebida e, por fim, o vírus. Ele tentou parar algumas vezes, mas a vontade recuava diante da oferta de um amigo. São tantos os que aliciam para o mal! Onde estavam, minha irmã, os amigos no dia do enterro? Não percebi nenhum por lá!

— Os antigos, que ainda estão saudáveis, desfizeram há anos a amizade e não mantiveram contato. Os atuais estão enfermos, debilitados, alguns já desencarnaram. O senhor sabe, Honório estava perto dos 40 janeiros!

— Para nós que o amamos será sempre um jovem, um filho estimado. Não fazemos julgamentos em casos como esse, nem ao enfermo, nem à família. Não nos compete avaliar a culpa de quem seja; nossa missão é ajudar, porque sabemos que um dia também fomos auxiliados por alguém.

— Como é confortador, doutor, o convívio com espíritos cristãos, que vivenciam a lei da caridade sob diferentes prismas – desabafou a mãe de Honório, tentando oscular as mãos generosas do benfeitor. Esse a envolveu num abraço, estimulando-a a uma nova etapa de trabalho:

— Vamos lá, minha amiga. Temos muito que fazer em prol de Honório; nossos encargos mal principiaram.

No dormitório, Honório acordava pela primeira vez. O corpo estava dolorido, tornando-o indisposto, com uma fraqueza que o fazia recordar-se do corpo denso. À mãe que velava ao seu lado ele perguntou, entre tímido e receoso:

— Mãe, sei que passei pela morte porque a senhora está ao meu lado, caso contrário teria minhas dúvidas. Vejo tudo tão parecido, até o meu corpo carrega sinais da enfermidade que me matou. Como pode ser?

— Filho, lembra-se quando ainda na carne era admoestado para corrigir o comportamento delituoso? Naquela época, pelas leituras espíritas, já se sabia que as enfermidades atingem o corpo espiritual para, em seguida, danificar o corpo físico. Você se recusava a ler e a me ouvir. Dizia que era sermão encomendado, que eu só dizia aquilo para que você mudasse de vida e se tornasse uma pessoa careta, que faz tudo o que os padres mandam, e eu nem mesmo era católica – já havia conhecido o Espiritismo.

— Eu estava sempre doidão, mãezona! Desde o primeiro cigarro de maconha, eu percebi que estava predestinado à dependência; nunca pude ficar de cara limpa, tinha uma necessidade neurótica de me esconder.

— Esconder-se de quê?

— De meus medos, da minha insegurança. Quando meu pai partiu, senti que cabia a mim a responsabilidade de manter o lar e me acovardei. Como assumir tamanha responsabilidade? Utilizei de todas as desculpas e expedientes para escapar; dizia-me injustiçado por Deus e pela vida. A droga foi o refúgio, o meu porto seguro para a alienação total. Quem se droga, não pensa; quem não pensa, não assume compromissos.

— O seu compromisso estava registrado bem antes do seu nascimento, Honório – interferiu o doutor Teófilo que chegava para uma visita de praxe.

— Como assim, doutor? – perguntou o doente, intrigado.

— Você fugiu de uma responsabilidade que lhe cabia por ser o filho mais velho, que deveria ser o braço direito de Clarinda no período da viuvez. Não seria uma sobrecarga injusta porque, ao iniciar o trabalho, encontraria a sua alma "gêmea", a companheira prometida para aquela experiência. Ela lhe daria alento, força e inspiração. Em seus braços, você esqueceria a luta pela sobrevivência e teria sido imensamente feliz.

O rapaz se calou. Não sabia o que dizer, nem mesmo o que perguntar. O médico examinou-o "fisicamente", tocou de leve a sua cabeça e, com um sorriso, afastou-se, fazendo antes uma recomendação a Clarinda:

— Não se esqueça, mãe, da água fluidificada.

Honório ficou sozinho com suas reminiscências. Lembrou-se da infância, das aulas de catecismo, das professoras do curso primário. As recordações que sobressaíam, porém, eram as da mãe e da tia Filó, sempre tão boas, sempre voltadas para o seu bem-estar e para o futuro de seus irmãos, um casal de gêmeos, poucos anos mais novos. O pai estava quase sempre ausente, dizia-se que por motivo de trabalho.

O senhor Nestor seu pai, era um homem austero, que impunha respeito pela simples presença. Ele foi o seu modelo até o momento em que adoeceu e sucumbiu ao peso de uma pneumonia. Foi aí que se sentiu perdido. Era um adolescente e não se julgava à altura de auxiliar a mãe no comando da pequena família.

As fugas, que eram esporádicas, para a maconha tornaram-se freqüentes. Enquanto estava sob o efeito da droga, os problemas desapareciam, as cobranças da consciência se apagavam; quando voltava à razão, tudo ficava muito pior.

Os estudos não deslanchavam, as reprovações se sucediam, enquanto a mãe e a tia se desdobravam no trabalho para complementar a pensão do marido. Os filhos não ficaram na penúria porque a mãe soube restringir os gastos evitando as frivolidades, para que não faltasse o essencial.

Honório lembrou-se, vagamente, do casamento dos irmãos: Henrique foi o primeiro; em seguida, casou-se Cecília, poucos meses depois. Ele, o mais velho, aproximava-se dos 30 anos e nem cogitava em namoro. Também, quem quereria namorar um homem inútil, que pouco trabalhava e buscava na droga um expediente de fuga da realidade? – pensou o rapaz desiludido, recostado à cabeceira da cama de hospital.

Os irmãos formaram uma família e mudaram-se para uma cidade maior em busca de realização profissional. Ele permaneceu no lugar onde nasceu, porque o medo e a insegurança prendiam-lhe os pés e a imaginação.

A tia, mais idosa, desencarnou e ele ficou sozinho com a mãe. Os irmãos, a todo custo, quiseram arrancá-la de sua companhia.

— Não posso – ouviu-a dizer a Henrique – abandonar Honório à própria sorte. Se ele não está bem em minha companhia, ficará pior sem mim.

— Ele a fará adoecer – objetava Henrique – pelo excesso de contrariedades e preocupações. A distância, só posso lhe oferecer ajuda financeira...

— Eu lhe agradeço, filho, porque Honório ganha pouco com seu trabalho, mas vive sempre de bolso vazio. Se não fosse eu a sustentá-lo com a pensão de seu pai e meus pequenos arranjos, com certeza passaria fome.

— Se ele se tornar agressivo – completava o zeloso Henrique –, então irei buscá-la e ele que se arranje com a droga e sua irresponsabilidade.

As conversas familiares tinham sempre o mesmo tom. Cecília era professora primária e telefonava com freqüência para a mãe, preocupada em saber como a situação se desenrolava. Embora não aprovando o comportamento desajuizado do irmão, ela sempre se preocupou com seu estado.

Um dia chegaram os sintomas da Aids: pneumonia, alguns nódulos, manchas na pele... O exame de sangue confirmou as suspeitas dos parentes e dos poucos amigos. Honório quis reagir com energia frente à doença, mas a vida não lhe poupou uma segunda perda – o falecimento da mãe.

"Fiquei sem eira e nem beira", foi a conclusão de Honório diante da fatalidade da Aids e da ausência da mulher que era o seu suporte, o ponto de apoio indispensável para viver. Após ter feito a dissecação de suas lembranças, o enfermo deixou-se vencer pelo cansaço e adormeceu.

Clarinda, por não entender a forma direta como o doutor Teófilo se dirigiu ao filho, buscou-o para um entendimento melhor, ao que o médico explicou:

— Minha irmã, às vezes bastam poucas palavras para desencadear um longo raciocínio. Honório não precisa de sermão – que ele não ouviria, como não ouviu os seus no passado –, ele precisa refletir, buscar respostas dentro de si que possam desencadear novas perguntas.

— Então foi por isso que ele ficou pensativo após a sua saída, doutor! Ele se fechou e não me dirigiu nenhuma palavra.

— Ele só vai falar quando destravar o nó que carrega dentro de si. Então terá início a terapia psicológica propriamente dita. Os outros remédios são paliativos necessários. Ele precisa se fortalecer e se libertar das sensações difíceis deixadas pela Aids.

— A gente pensa que tudo se resolve ao abandonar no túmulo um corpo doente!

— Ah, Clarinda, é preciso que se entenda que ao encarnar levamos conosco nossas mazelas e, ao desencarnar, fazemos a mesma coisa: trazemos na "bagagem" muita "tralha" da qual devemos nos desfazer. Isso exige tempo e esforço consciente.

— Muitos não se conscientizam facilmente. Alguns até preferem acreditar que continuam na carne!

— Não é que prefiram, Clarinda, é que se sentem na carne. Quando não há lembrança do desenlace, quando o consciente está apagado para recordações essenciais, fica difícil acreditar que estejam "mortos", porque na realidade estão vivos. Apalpam-se e sentem-se inteiros, respiram, sentem frio e fome, demora um pouco para que percebam sutis diferenças. É importante que Honório reflita, que mergulhe no interior de si mesmo para não perder a memória do que passou, pois suas lembranças são o seu único patrimônio, no momento.

— Compreendo, doutor, sempre que estiver com ele vou estimulá-lo, para que saia o mais depressa possível desse estado de torpor.

— Que Kardec chamou de perturbação espírita, Clarinda. Está lá, em *O Livro dos Espíritos,* num capítulo que explica com clareza esse estado de transição que o espírito vivencia quando deixa o corpo de carne.

— Sinto não ter estudado mais, doutor.

— Sempre é tempo, minha filha. Estude agora na companhia de seu filho!

Despedindo-se do médico e conselheiro, Clarinda passou pelo quarto de Honório antes de se recolher. O filho parecia ter um sono tranqüilo e ela saiu mais reconfortada. Quanto trabalho lhe dera esse "menino". Vê-lo ali, deitado e de certa forma em paz, era uma alegria que ela não experimentava há muitos anos.

Quando desencarnou, há poucos meses, percebeu que o seu filho mais velho não lutou mais a favor da vida. Entregou-se por completo à doença, à rejeição dos amigos, ao distanciamento dos irmãos e sobrinhos e, sobretudo, ao preconceito social.

Ele, que teve medo de lutar ao seu lado para a manutenção de um lar honrado e feliz, tantas estripulias fez que terminou sozinho, enfermo e relegado a um leito pobre numa casa de caridade cristã. Nos meses de solidão, desapegou-se da droga após sofrer as crises habituais de abstinência, viveu momentos de desventura assistindo à morte dos companheiros e, bem ou mal, preparou-se para o ato final de sua vida sem sucesso.

A honrada entidade entendeu que a misericórdia divina sempre esteve ao seu lado, a favor do filho necessitado. Se ele não se conduziu bem na recente existência, se não fez as escolhas certas, melhor que tenha desencarnado cedo. Ao deixar o bem por fazer, evitou-se uma queda mais profunda. Ele teria outras chances, todos nós teremos, foram esses os últimos pensamentos que embalaram o sono daquela mãe, no Além.

13

A Expansão da Mediunidade

A vida que se segue a uma encarnação, tenha sido esta considerada um sucesso ou um fracasso, tem o seu recomeço, no mundo espiritual, no ponto em que parou. Não há saltos de qualidade nos primeiros momentos.

Familiares aflitos que procuram notícias de um ente querido desencarnado por força de um suicídio, assassinato ou enfermidade encontrarão, nas primeiras linhas que lhes forem endereçadas, uma súmula de sua última vivência, de anseios e frustrações.

Com o passar do tempo, modificam-se os painéis interiores da consciência e o espírito dará conta dos estímulos que motivaram o comportamento; saberá por que foi compelido a uma atitude em detrimento de outra; avaliará por que deixou de cumprir certas promessas e, se estiver arrependido, deixará transparecer, em alguma palavra, o novo estado de espírito.

O intercâmbio entre os dois mundos é estimulado de nossa parte porque aviva a fé na imortalidade da alma. Sem a fé, a vida do homem terreno se esvazia de objetivos superiores; ele se amesquinha e se atordoa diante das imposições do meio terreno. Por mais singelas que sejam as comunicações, por mais simples que possam parecer, há sempre um estímulo subliminar nessa correspondência, que pode se exteriorizar na imantação das laudas de papel com fluidos específicos, na abordagem de um tema de interesse do espírito e da família, na palavra de estímulo para vencer uma dificuldade atual ou iminente, ou na advertência amorosa de um pai ou de uma mãe, preocupados com a sorte da família...

Enquanto aconselham, os Espíritos reformulam e reconstroem o panorama íntimo, tomam decisões úteis para o prosseguimento da vida no Além. O vínculo familiar é mantido íntegro, quando não convém que ele se rompa pelo afastamento precipitado de um ou vários integrantes.

Essas tarefas atendem ao objetivo de possibilitar a divulgação dos postulados espíritas em duas frentes de atuação: enquanto a equipe dos médiuns se encarrega do encontro fraterno com as famílias enlutadas, os tarefeiros do espaço buscam o contato com as entidades solicitadas e se prontificam a mediar o intercâmbio. Proposta aceita e os estudos preliminares sobre a técnica mediúnica começam com a finalidade de atingir a comunicação.

Não há Entidade, por mais alienada que queira parecer, que não se renda à beleza da manifestação mediúnica. Os espíritos envolvidos se entregam, emocionados, quando compreendem a possibilidade que Deus colocou ao alcance da criatura, de vencer a barreira das dimensões diferentes e intercambiar com os encarnados, da forma que um viajante pode tomar de uma aparelhagem de rádio ou de telefonia para dar notícias.

Se a comunicação contiver ruídos, se o tom da voz estiver comprometido, ainda assim o receptor compreenderá que o emissor (o espírito) se encontra bem, está vivo e quer fornecer notícias. Quem sabe, de outra vez, as condições sejam mais favoráveis e a comunicação se faça de forma aperfeiçoada.

A esperança é sempre renovada dentro do coração saudoso do encarnado. Uma simples palavra, um apelo, e vem a certeza de que a vida continua cheia de graça e beleza, nos mundos físico e espiritual.

Ninguém pode calar os espíritos; eles sempre se opuseram às interferências humanas nesse sentido e se manifestaram em todos os quadrantes terrenos, das formas mais diversas. Alguns optam pelos ruídos no ambiente doméstico, como a dizerem: "aqui estou". Outros escolhem os sonhos para se aproximar, mesmo de forma figurativa; há os que intuem, os que fazem propostas escritas para uma ou outra ação, os que estimulam esse ou aquele comportamento.

Quando os canais mediúnicos dos seres humanos estiverem totalmente desobstruídos, o contato será direto; as vozes serão ouvidas sem necessidade dos intermediários. A mediunidade está em expansão e não haverá retrocesso nesse caminho, porque é dom natural que o Criador colocou no âmago de cada ser racional. Por ela a razão será sublimada e o contato com a Divindade será cada vez mais racional, cumprindo-se o postulado espírita de que a fé raciocinada é o único caminho que leva a Deus.

Não tentemos calar os Espíritos, porque eles são a voz de Deus a bradar pela retidão de nossas atitudes. Eles falam o que convém que os homens ouçam, dentro das possibilidades de compreensão. Os textos serão mais sublimes quando a humanidade revelar comportamento e pensamento sublimados.

Há várias ordens de Espíritos e todos têm a possibilidade de manter um intercâmbio útil e responsável, capaz de mobilizar a sociedade terrena para o adiantamento moral, tecnológico e científico. Espíritos simples, no nível da média terrena, têm o que ensinar e podem dar testemunho de vivências nas dimensões espirituais. Podem relatar venturas e desventuras, alegrias e saudades, erros e promessas de futuros acertos.

Compreende-se que forças contrárias aos propósitos do Criador desejem calar os Espíritos porque, quando eles falam, tornam evidentes as realidades que elas negam, das quais se esqueceram ou se recusam a lembrar, por medo das cobranças que virão a seguir.

Dentro do movimento de renovação espiritual que é o Espiritismo, essa atitude não se justifica. O mundo messiânico foi previsto pelos profetas, autênticos médiuns do passado. A Terceira Revelação se fez concreta pela manifestação das inteligências extracorpóreas, que se uniram na deflagração de um grande movimento.

A continuidade da Doutrina, o avanço dos postulados, a maior clareza e a correção de possíveis desvios também ocorrerão por conta dos Espíritos do Senhor, quer estejam na carne ou fora dela. O intercâmbio entre as duas esferas se tornará mais claro a cada dia, mais consistente, dentro dos objetivos bem definidos.

Uma pequenina semente lançada pelos medianeiros da simplicidade e da bondade frutificará a seu tempo e produzirá frutos de fé e de esperança.

Cuidemos para que os médiuns não se sintam desestimulados, pressionados por inquisidores do presente, que desejariam condená-los às fogueiras da humilhação e do ridículo. São eles os porta-vozes do Além, os portadores das boas novas, que mantêm sintonia com os vanguardeiros do Espiritismo.

Combatamos, sim, os desvios do comportamento mediúnico naqueles que vendem a palavra divina, que oferecem, a peso de ouro, o que lhes foi ofertado por misericórdia. Esses médiuns se encontram em todos os segmentos religiosos.

É sabido que a mediunidade não é descoberta da Doutrina Espírita, que médiuns existem desde que os homens atingiram a idade da razão e que os interesses imediatos sempre estiveram presentes, forçando os menos fiéis a venderem os seus dons, em desrespeito ao conselho evangélico que manda dar de graça o que gratuitamente se recebeu.

Essa advertência estendemos para os seareiros do bem, aqueles que são movidos pelo sentimento de fraternidade e solidariedade, que estejam comprometidos, de verdade, com a Causa Cristã.

Qualquer palavra que possam oferecer, qualquer recado que captem do Mais Além e decodifiquem para uma família que sofre, são atitudes sumamente agradáveis aos olhos de Deus. Estarão dando cumprimento aos desejos do Mestre quando afirmou: "Todo o bem que fizerdes ao menor de vossos irmãos é a mim que fazeis".

Ânimo e alento, fé e discernimento, e chegaremos ao final dos tempos com a consciência satisfeita pelo dever cumprido, por termos sido fiéis colaboradores do Senhor – dentro do terreno sadio da mediunidade esclarecida.

Que os médiuns não esperem retorno imediato dos esforços aplicados, que a colheita virá a seu tempo, provavelmente depois que tenham se despojado do corpo denso. A imortalidade do espírito nos libera da ansiedade, para que não nos lancemos à aventura de precipitar a coleta prematura dos frutos.

Deus, nosso Criador, não demonstrou pressa em revelar as leis naturais, que pouco a pouco se descortinam ao olhar dos filhos mais bem preparados.

Conhecemos ainda muito pouco de quanto temos de aprender e, do ápice da evolução, formamos uma idéia distanciada da real, porque a palavra perfeição tem soado como uma figura de linguagem desconhecida, embora desejada por todos nós.

O que entendemos por perfeição divina? Quanto dessa perfeição nos será possível atingir? São perguntas que ainda formulamos entre nós, espíritos afastados do corpo material desde longa data, mas não redimidos, não perfeitos.

Todos trabalhamos em benefício do próprio crescimento pessoal, do aperfeiçoamento de nosso potencial até o grau máximo, sem termos ainda sólida compreensão de qual seria esse grau, de como se daria nossa integração com a Divindade, de como nos sentiremos quando pudermos proferir, como Jesus, que nosso alimento é fazer a vontade do Pai e, enfim, que nós e o Pai somos um só pensamento, um só sentimento, um só amor!

Essa unicidade com o Criador, nós ainda não entendemos, porque precisamos perlustrar um longo caminho aparando arestas do comportamento, lapidando o entendimento, para que a luz que nos atinja não nos assombre nem fira nossas retinas espirituais, dificultando a visão interior em vez de favorecê-la.

Com humildade serena – entendemos que ser humilde é ser verdadeiro, é admitir possibilidades e limitações –, vamos percorrendo a jornada evolutiva em busca de iluminação interior que nos garanta um crescimento sem tropeços, embora árduo e difícil.

A construção de nossa espiritualidade é obra de cada dia, exige fé e persistência, confiança e determinação. No início da jornada humana, não detínhamos compreensão suficiente, mas agora não se pode alegar ignorância.

Os porta-vozes divinos se fizeram presentes há milhares de anos, em diversas regiões do globo, fornecendo recados e orientações pertinentes a cada povo, a cada realidade social.

Os ensinamentos cristãos tendem a se universalizar sob diferentes denominações; o Bem nos foi proposto por Moisés, Maomé, Buda, Krishna... A fórmula mais perfeita, mais abrangente para a sociedade terrena é a mais simples e se resume em fazer ao próximo o que gostaríamos que ele nos fizesse.

Caminhamos nessa direção, da compreensão de que os atos violentos geram retornos desastrosos, para nós e nossa posteridade.

Os seres humanos serão cada vez mais lúcidos, mais inteligentes, e terão que se tornar mais racionais. A razão, atributo do espírito, conduzirá a humanidade ao aperfeiçoamento da forma física – pela extinção das enfermidades que remanescem das seqüelas cármicas – e à descoberta do Espírito, como causa motivadora da existência.

Nessa ascensão gradual – estando cada um, dentro das potencialidades próprias –, formar-se-á gigantesca corrente, cujos elos representam os indivíduos que, de mãos unidas, se aproximarão do ideal previsto pelo Criador.

Estará formada uma extensa família espiritual quando estivermos congregados ao redor do Pastor que nos conduzirá ao Pai.

Seremos, eternamente, conscientes filhos de Deus, obra de suas "mãos" generosas e compassivas.

▶▶▶